監修者——木村靖二／岸本美緒／小松久男／佐藤次高

［カバー表写真］
エンリケ没後500年に作られた発見の記念碑（ポルトガル・リスボン）

［カバー裏写真］
マゼラン

［扉写真］
フラ・マウロの地図（上下反転）
（1459年）

世界史リブレット人47

大航海時代の群像

エンリケ・ガマ・マゼラン

Gōda Masafumi
合田昌史

目次

中世と近代のはざまに

十五〜十七世紀、ヨーロッパの人々は海外へさかんに遠征隊を繰り出した。当時の日本人に南蛮・紅毛と呼ばれた人々は、どのような思いをいだいて大洋をわたったのであろうか。

「大航海時代」というこの時期の呼称は日本独自のものである。欧米では「(地理的)発見の時代」と呼ばれていたが、一九六〇年代半ば、「発見」という言葉に込められたユーロセントリズムを克服するために導入された。その契機となったのは、『大航海時代叢書』▲の編纂・刊行である。今日、この呼称は多くの書籍論文のなかで用いられるだけでなく、シミュレーションゲームのタイトルにも採用されており、我が国において定着したといえよう。だが、価値中

▼『**大航海時代叢書**』　西欧人による非西洋世界への航海記などの日本語訳シリーズ。一九六五〜九四年、三期にわたって岩波書店から刊行された。「大航海時代」の名づけ親は増田義郎らとされている。なお、韓国でもシミュレーションゲームなどの影響で「大航海時代」は用いられている。

立的に響く言葉におきかえることで、時代の心性はかえってみえにくくなったかもしれない。

三大航海者として知られるコロンブス(六四頁参照)、ガマ(七〇頁参照)、マゼラン(九四頁参照)の主要な目的の一つは、ヨーロッパとアジアとをつなぐ航路の発見にあった。ガマのポルトガル船隊(一四九七～九九年)によって東回りのアジア航路が開かれ、スペイン王に仕えたポルトガル人マゼランの大航海(一五一九～二一年)とウルダネータによる太平洋帰航路の発見(一五六五年)でアメリカをはさんで西回りのアジア航路が成立した。しかしながら、いずれの航路も長大で困難な航海をしいたため、後発のイギリスやオランダは一時、北極圏経由の短いアジア航路を模索した。

航海者とそのパトロンたちをかくも駆り立てたのは、金・銀などの貴金属を別とすれば、香料・絹・陶磁器などアジアの物産であった。これらの物産の対価(あるいは商品)として大量のアメリカ・日本の銀、アフリカの金が東西の海路で流れるようになった。グローバル化の第一波はこの時生じたといえよう。経済の潮流を俯瞰するならば、近代の劈頭《へきとう》をかざる大航海時代という位置づけ

▼ウルダネータ(一五〇八～六八) アンドレス・デ・ウルダネータ。バスク生まれのアウグスチノ会修道士。ロペス・デ・レガスピの指令により、一五六五年六～十月、セブ島からアカプルコまでの航路を発見。

▼香料　サブカテゴリーに香辛料(インドの胡椒、セイロン島のシナモン、モルッカ諸島のクローブ、バンダ諸島のナツメグ・メースなど)と薫香料(チモール島の白檀、南アラビアの乳香・没薬など)。

はおさまりがよい。通説によると、ヨーロッパは「中世末の危機」を解決するために地理的に拡大したのであり、この対外進出が成功しヨーロッパ世界経済が成立した。

だが、視線を落として「人」に焦点をあてるならば、異なる絵が描ける。三大航海者を突き動かしたのは経済的要因だけではない。彼らの心性は強く過去と宗教に縛られていた。コロンブスは、フランシスコ会厳修派▲との関係を利して女王イサベルに親近し、南米オリノコ川の源流に「地上楽園」を夢想した。ガマは、東アフリカ沿岸で伝説のプレスター・ジョン▲の情報を探り、インド西岸到達後カリカットの権力者のもとに送った使者に「キリスト教徒と香料」を求めて渡来した、といわしめた。マゼランは、旧約聖書に由来する「黄金伝説▲」を胸にいだいて太平洋を横断し、フィリピン・セブ島で集団改宗に邁進した。

もちろん、航海者たちの言動には少なからずパトロンの意識が投影されていた。ポルトガル王マヌエル一世(四六、八二頁参照)は千年王国信仰▲や十字軍精神に取りつかれ、カイロ・メッカへの侵攻計画とインド洋における展開を連動

▼フランシスコ会厳修派　フランシスコ会厳修派は十二世紀イタリアのシトー会修道士フィオーレのヨアキムの終末論を受け継いでいた。コロンブスとイサベルはともにフランシスコ会在俗会員であったとされる。

▼プレスター・ジョン　伝説の強大なキリスト教王「司祭ヨハンネス」。十二世紀後半、ビザンツ皇帝宛偽書簡の送り手で、その王国は当初は中央アジア、のちにエチオピアにあるとされた。

▼「黄金伝説」　古代イスラエルの王ソロモンがえた大量の金の出所オフィールあるいはタルシスに関する伝承。旧約聖書・列王記による。

▼千年王国信仰　キリストが地上に再臨し至福の千年王国が実現、その期間の終わりに最後の審判がおこなわれるとする教説。

させようとしていた。また、アラゴン王フェルナンド二世▲は、カリブ海域の征服・入植が進んでいた時期にありながら、ナポリや北アフリカの諸拠点を足掛かりに東地中海へ進出し、東西教会の和解と聖地の奪回をめざしていた。

このような宗教性の強い対外進出の心性はどのようにして醸成されたのであろうか。多くの研究者が指摘するのは、キリスト教世界における辺境としての長い歴史である。中世イベリア半島に「戦争のために組織された社会」が形成された。アンダルスの再征服《レコンキスタ》は社会的上昇をもたらす戦いの場を提供し、その前線で軍馬と武具を自弁する「平民騎士」が活躍した。さらに、レコンキスタの守護聖人としての聖ヤコブ《サンティアゴ》崇敬▲が浸透し、教皇庁が認める「西方十字軍」としての大レコンキスタが十三世紀前半に進展した。

そのような中世的拡大の延長線上にイベリアの大航海時代をとらえようとするのが本書の立場である。この立場は、近年有力視されている「後期十字軍」史観と共鳴する。十字軍運動はアッコン陥落(一二九一年)で終焉をむかえたわけではなく、中世後期を生きぬき近世まで残存していたとする見方である。また、ポルトガルやオランダなど近世の海洋帝国の起源を中世の地中海・黒海に

▼フェルナンド二世(在位一四七九〜一五一六) 一四六九年カスティーリャ王女イサベルと結婚し、七四年イサベルの即位後はカスティーリャの共同統治者。イサベルの死後は一時カスティーリャ摂政を務めた。

▼聖ヤコブ崇敬 九世紀初頭、十二使徒のひとり、大ヤコブの墓がサンティアゴ・デ・コンポステーラで「発見」され、教会が建立された。のちにその奇蹟譚がヨーロッパ各地に広まり、多くの巡礼者をひきつけた。

成立したヴェネツィアやジェノヴァの交易拠点帝国に遡らせる説もあり、これも有力である。

とはいえ、他方で時代の裂け目も認めなければなるまい。

では、大航海時代の起点はどこにあったのか。これについては二説ある。一つはコロンブスとガマの航海が実現した十五世紀末説である。大航海の定義をかりに「陸標を見ず途中で上陸補給をしないひとつながりの外洋航海」とするならば、コロンブスは一カ月間、ガマとマゼランは三カ月以上の大航海をなした。バルトロメウ・ディアス▲の遠征までは伝統的な沿岸航海であり、大航海の名に値しない。

だが、研究者の間で有力視されているのは、コロンブスの航海から八〇年近く遡る一四一五年、ポルトガルによるセウタ▲攻略を起点として「海上拡大」の時代が始まった、とするもう一つの説である。本書では、セウタ攻略から一四八〇年頃までのポルトガルが先行した時期を海上拡大の時代初期、一四八〇年頃から十六世紀末までの、スペインが追いあげ、ポルトガルと競合した時期を中期、それ以降のオランダやイギリスが台頭した時期を後期としておく。

▼バルトロメウ・ディアス（一四五〇頃〜一五〇〇）　王家の従士。一四八八年喜望峰を迂回し、アルゴア湾に達した。カブラルのブラジル探検隊に同行するが、航海中に死去。

▼セウタ　ジブラルタル海峡南岸の港市。一六六八年以降、スペイン領。

筆者は、初期のみならず中期においてもなお対外進出の担い手たちには中世的性格が濃厚に認められる、と考えている。そのうえで、この時代の群像のなかから三人のポルトガル人、すなわち初期を代表するエンリケ王子（二〇頁参照）と、中期の三大航海者からガマとマゼランを取り上げ、彼らの心性について掘り下げていきたい。

エンリケとガマ、マゼランは世代的に大きな隔たりがあり、その立場も異なる。王族のエンリケは遠征・航海事業を推進ないし支援する立場であった。ガマとマゼランはともに下層貴族《フィダルゴ》▲で、東と西という方向の違いこそあれ、アジアへの海路を探る遠征隊の総司令であった。ただし、ガマとマゼランの生涯は対照的である。生前から母国で英雄としての名声をえて一代で爵位貴族にのぼりつめたガマに対して、マゼランは隣国スペインの王に仕えて大航海をなしたが、志半ばで横死し名誉は簒奪された。

彼らに共通する心性をあえて単純化して表現するなら、対外進出によるステイタスの向上であろう。この場合のステイタスとは身分社会内における個人ないし家門の地位ばかりでなく、キリスト教世界における国家ないし王朝の立ち

▼**下層貴族**　フィダルゴはカスティーリャのイダルゴに相当し、四代遡る血統貴族を意味したが、この時代の用法にゆれがあり、下層貴族を指す場合と爵位貴族を除く貴族全体を指す場合がある。

●ヨーロッパ人による航海と探検

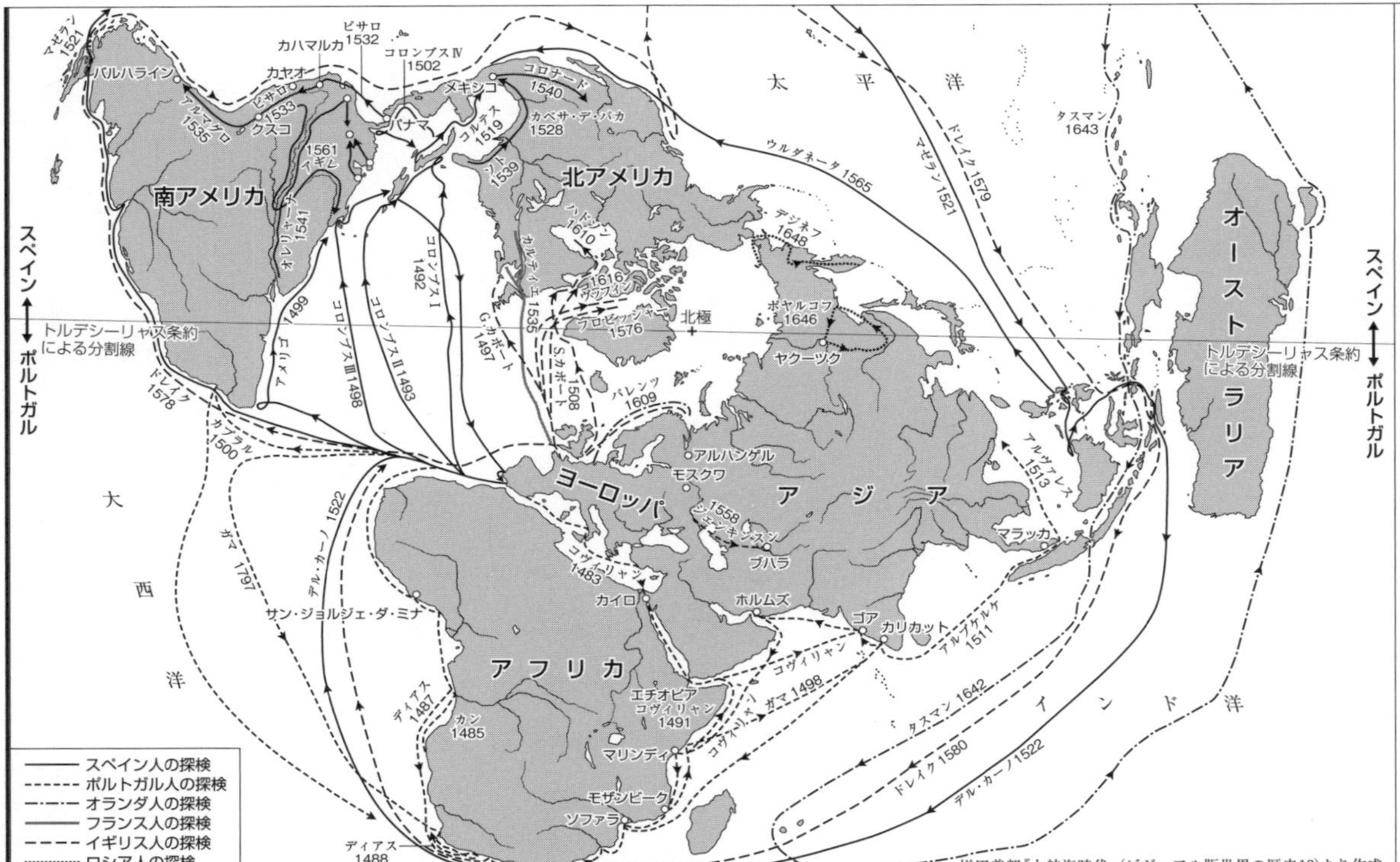

増田義郎『大航海時代』(ビジュアル版世界の歴史13)より作成。

位置をも意味する。対外進出によるステイタスの向上を具体的に描くに際して念頭におきたいのは、二つのキーワード、すなわち、「マグリブ▲」と「騎士修道会▲」である。

大航海にせよ、あるいは海上拡大にせよ、時代の呼称は、未踏の遠隔地への飛躍というイメージを強く想起させるだけに、西洋にとって「発見」の対象ではなく既知の世界に属するマグリブの重要性は看過されやすい。騎士修道会もテンプルの廃絶騒動▲に象徴されるように、狭義の十字軍時代の遺物とみなされがちであろう。しかし、前者はレコンキスタ＝西方十字軍の精神が発揮されたトポスとして、後者はその精神がもりこまれた器として、海上拡大の時代に役割をはたした。ポルトガルの王族・貴族が隣の大国スペイン(カスティーリャ)の動向を強く意識していたこともみすごせない。これはポルトガルによる対外進出の針路とタイミングに影響を与えており、それゆえ三者の意識と行動にも作用していた。

以上のような見通しのもと、まず海上拡大の歴史的前提についてふれておきたい。

▼**「マグリブ」**　「西」の意で、モロッコ、アルジェリア、チュニジアを指す。広義でモーリタニア、西サハラ、リビアを加える場合もある。

▼**「騎士修道会」**　騎士団と表記される場合もあるが、ガーター騎士団や金羊毛騎士団などの世俗騎士団と区別するため、本書では騎士修道会と呼ぶ。

▼**テンプルの廃絶騒動**　広大な所領と莫大な資産を有するテンプル騎士修道会はフランス王フィリップ四世の弾圧を受け、一三一四年までに総長らが異端のとがで火刑に処され廃止された。

①—海上拡大の前夜

幸福諸島と金を求めて

大西洋アフリカ(アフリカ西岸と大西洋諸島)への海上拡大が開始される兆候は十三世紀末~十四世紀初頭にすでにあらわれていた。その要因として指摘されるのは、十字軍国家の壊滅により南欧商人が出入りしていたシリア沿岸都市の多くが荒廃したこと、銀に対する金の価格が急上昇したことによってアフリカ金への渇望が強まったこと、そして造船・航海の技術的進化である。十三世紀末、バルト海型の船尾材舵が採用されたことで、カンタブリアの帆船は堅牢さを保ちながら大型化が可能となり、羅針盤とポルトラーノ海図▲の組み合わせで航海術が進化した。一二七七年頃までに、ジェノヴァ人によってジブラルタル海峡を経由し北イタリアとフランドルとをつなぐガレー船定期航路が成立したことも海峡越えの大西洋航海を促した。

一二九一年五月ジェノヴァのヴィヴァルディ兄弟▲はインドをめざしてアフリカ西岸を南下しゴゾラに達した。さらに、一三一二年頃、同郷の商人マロチェ

▼ポルトラーノ海図　現存最古のポルトラーノ海図は十三世紀末頃ジェノヴァでつくられた「ピサ図」で、一五〇〇年までに約二〇〇点が確認されている。地中海・黒海の沿岸線が比較的精確で、羅針盤の三二方位と一致する直線網におおわれている。中世の制作の中心はヴェネツィア、ジェノヴァ、マヨルカ島。

▼ヴィヴァルディ兄弟　ヤコポ・ドーリアの年代記(一二九四年)によると、兄弟はガレー船二隻で出航し、そこにはフランシスコ会修道士二人も同行していたという。ゴゾラはナン岬付近と推定されている。

ロは古代から「幸福諸島」として知られていたカナリア諸島を「再発見」した。先住グアンチェ族はベルベル系と推定されている。一三四〇年頃から南欧の人々が略奪・漁業・布教のためにカナリア諸島へ向かうようになった。十四世紀半ばまでにマデイラ・アソーレス両諸島も「発見」された。

対岸の西アフリカへの誘因は西スーダン▲の金であった。『カタルーニャ・アトラス』（一三七五年）のサハラ南縁には、掌に金を載せたマリ帝国のマンサ・ムーサとサハラ越えの隊商路において支配的なベルベル人が相対して描かれている。中世をつうじて年に四〜六トンの金が西スーダンからサハラの隊商路をへて北アフリカへ運ばれていた、と推計されている。一三四六年八月マヨルカのフェレールは「金の川」▲をめざして出航した。その目的は金の産出地へ海路到達し陸路の隊商を出し抜くことであった。ヴィヴァルディ兄弟とフェレールは帰還できなかったが、それは海洋地理の理解が十分でなかったからである。この点はのちにエンリケが支援した航海によって克服される。

以上のように、十四世紀前半、大西洋アフリカ「発見」の機運は高まっていたが、国家が直に関与した大規模な遠征の事例はほとんど認められず、直後に

▼**西スーダン**　北アフリカの人々が「黒人の住む土地（ビラード・アッ・スーダン）」と呼んだ歴史的スーダン（サハラ砂漠とギニア湾岸森林地帯にはさまれたサバナ）の西部、ニジェール川大湾曲部から大西洋岸までの地域。

▼**「金の川」**　十四世紀末カスティーリャ語で書かれた筆者不詳の『世界中のすべての王国・土地・領地の知識の書』によると、金の川はナイル川の分流で、その上流の大湖にパロラ島がある。パロラ島から金がもたらされると南欧の商人たちは考えていた。

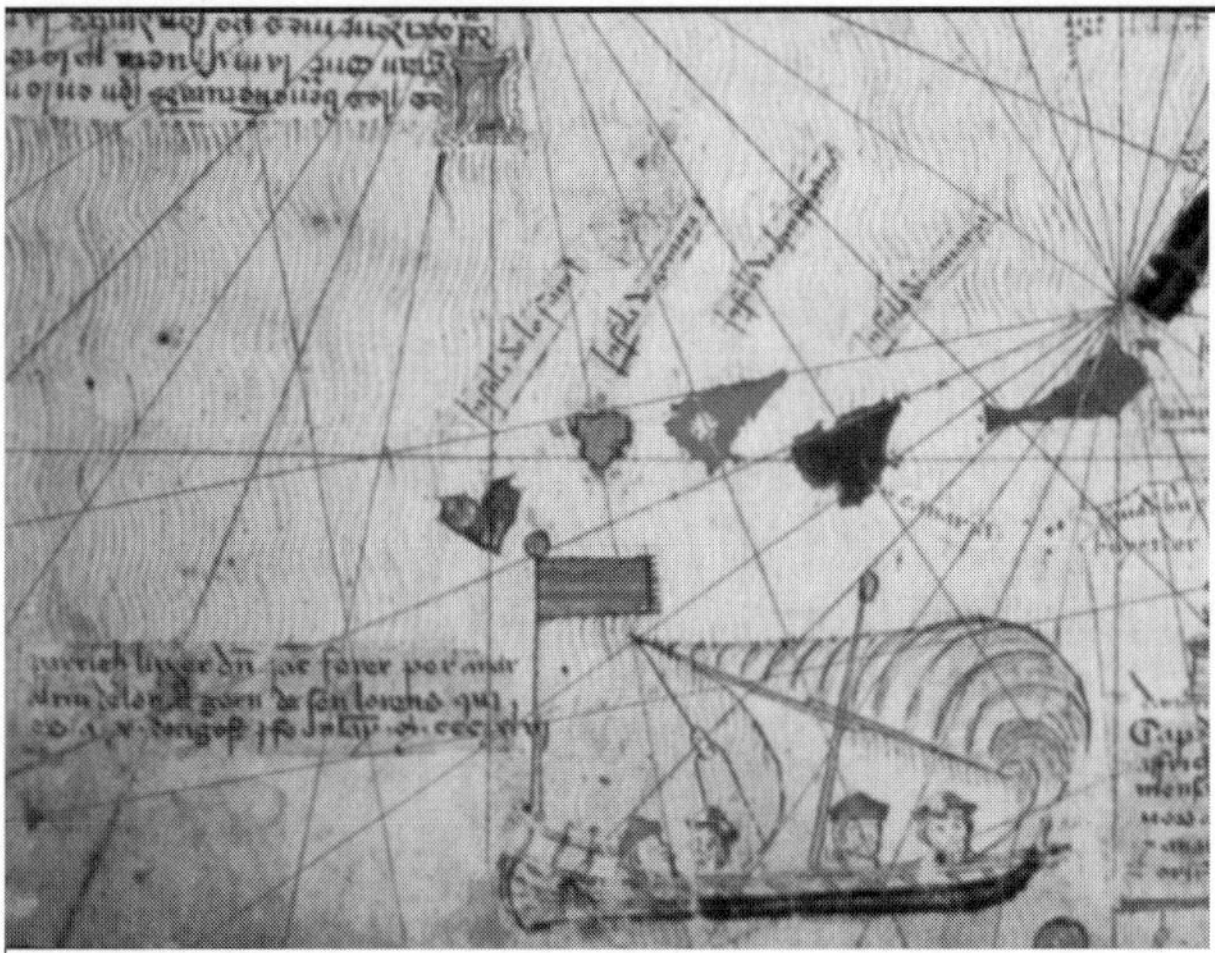

●──**『カタルーニャ・アトラス』カナリア諸島・フェレールの船**　『カタルーニャ・アストラス』はマヨルカ島パルマのクレスケスの工房で作成され、アラゴン王室からフランス王室への贈り物とされた。フランス国立図書館蔵。

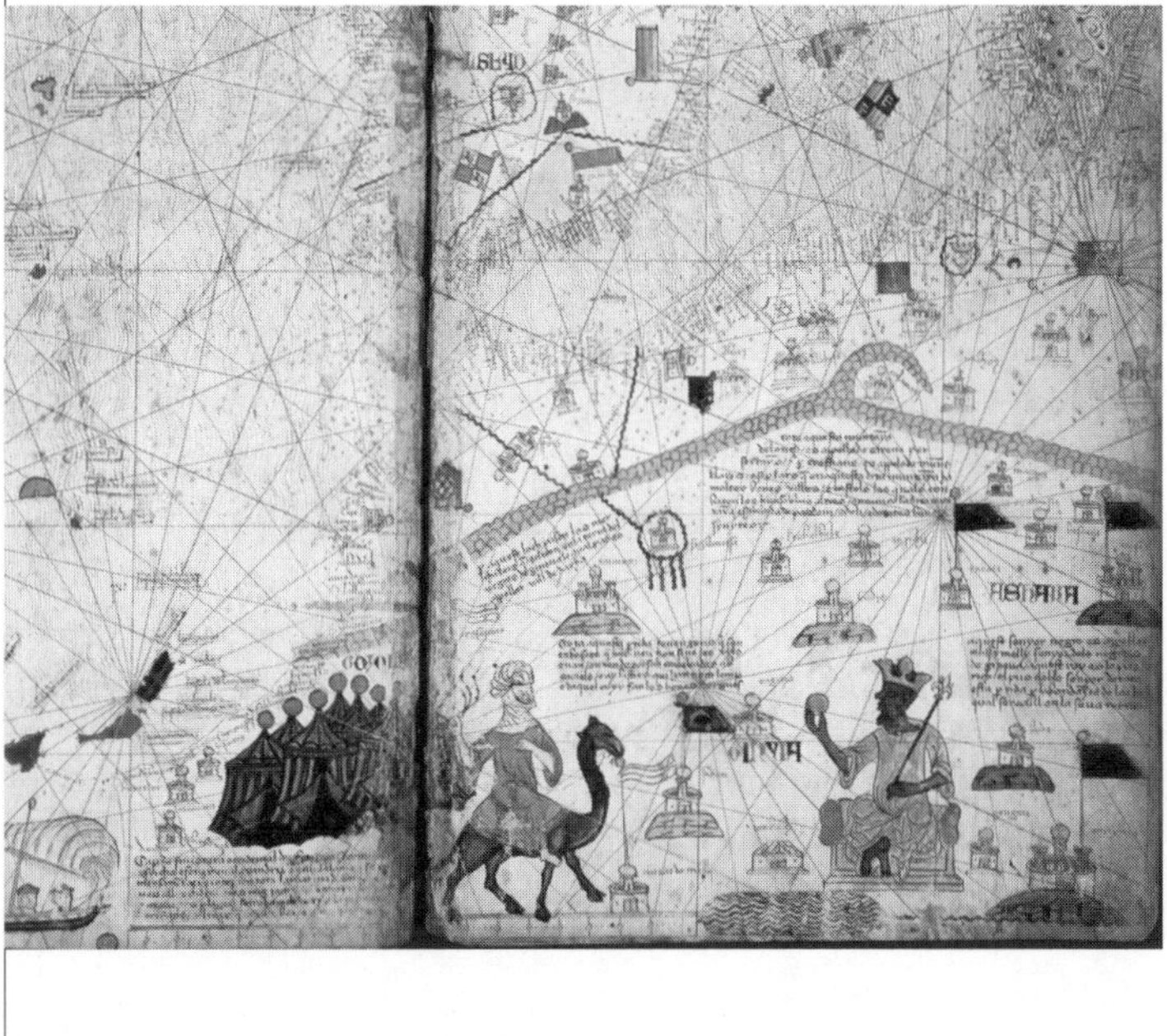

●──**『カタルーニャ・アトラス』のマグリブ・サハラ部分**

訪れた黒死病▲禍のために征服や入植につながらなかった。他方で、同時期にあらわれていた拡大へのもう一つの前兆、すなわちジブラルタル海峡の覇権をめぐる争いは戦略的意味合いが強く、国家が前面に出ていた。

海峡戦争

レコンキスタはカスティーリャ王国・アラゴン連合王国・ポルトガル王国の三強によって十三世紀前半、一気に進捗し、ナスル朝グラナダ王国を除いてほぼ完了した。アラゴンはバレンシア併合で南進に終止符を打ち、東へ転じてバレアレス諸島・シチリア島などを包摂する地中海帝国へ発展した。

カスティーリャにはグラナダとの境域が残ったが、潜在的な脅威はむしろマグリブのベルベル人勢力との境域、ジブラルタル海峡にあった。十三世紀末〜十四世紀半ば、カスティーリャ・マリーン朝フェズ王国(モロッコ)・ナスル朝によって三つ巴で海峡戦争が繰り広げられた。その焦点は海峡両岸の五つの拠点、すなわち北岸のジブラルタル・アルヘシラス・タリファと南岸のセウタ・タンジェ(タンジール)をめぐる攻防にあった。一三四〇年、カスティーリャ王

▼**黒死病**　中央アジア起源で世界的に流行したペストのヨーロッパでの呼び名。一三四七〜五一年、ヨーロッパ人口の約三分の一が失われた。

ジブラルタル海峡の五要衝

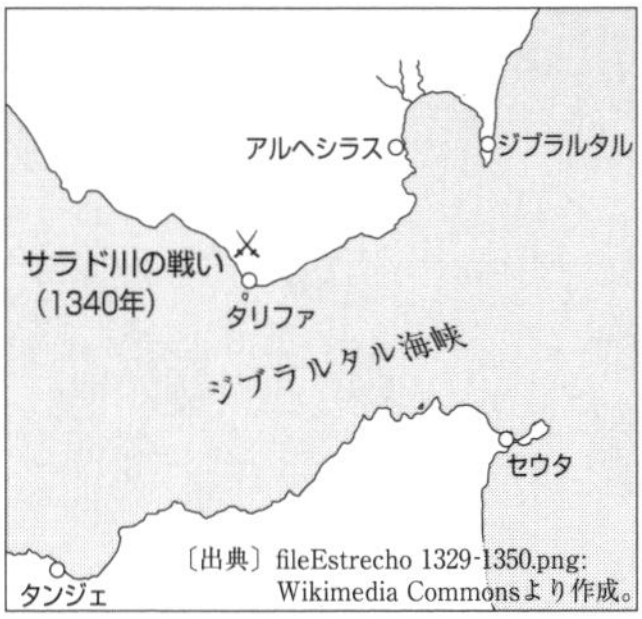

〔出典〕fileEstrecho 1329-1350.png: Wikimedia Commonsより作成。

アルフォンソ十一世（在位一三一二〜五〇）はポルトガル王アフォンソ四世▲の支援をえて、タリファに近いサラド川の戦いでマリーン朝・ナスル朝連合軍を大破した。以来マグリブからの侵攻は止み、制海権はキリスト教勢力側に移る。

しかし、海峡越えの機運は黒死病の到来で水を差された。アルフォンソ十一世は一三五〇年、ジブラルタル攻囲中、黒死病で死去。アフォンソ四世は四一年四月の教皇勅書でフェズ王国を征服する権利を与えられ、それは七七年までに四度更新されたが、この間モロッコ遠征が組織されることはなかった。

黒死病の傷はカスティーリャよりもポルトガルの方が深かった。十四世紀後半、繰り返される疫病で領主としての貴族は働き手を失い、地代収入の下落と賃金の上昇で痛手を受けていた。この点はイベリア半島で共通だが、ポルトガル貴族にとって領地獲得につながる戦いの場は、アラゴン・カスティーリャに比して狭隘化していた。また、十四世紀初頭から限嗣《げんし》相続制▲が打ち出されていたため、貴族の次三男坊は土地取得の機会から遠ざけられた。大航海時代開幕の前、ポルトガルでは戦いの場を求める社会的圧力が高まっていたのである。そこに隣国の内乱が波及した。

▼**アフォンソ四世**（在位一三二五〜五七）　王子ペドロが妻コンスタンサの侍女イネス・デ・カストロ（ガリシア貴族の娘）との結婚を望んだため、イネスを処刑。

▼**限嗣相続制**　領地を同一家族内で分割・譲渡することなく、一括して相続させる制度。男系長子による相続が優先された。

「フェルナンドの戦争」

アルフォンソ十一世の死後、嫡子ペドロ一世▲がカスティーリャ王に即位したが、その異母兄エンリケはこれに異を唱え、一三六九年にペドロ一世を殺害し、エンリケ二世▲としてトラスタマラ朝を開いた。ポルトガル王フェルナンド一世▲はサンチョ四世の曽孫としてカスティーリャ王位継承権を主張し、エンリケ二世に挑戦したが、敗退した。

フェルナンド一世はカスティーリャ王位をねらうランカスター公ジョン・オブ・ゴーント▲を支持して、さらに二度隣国にいどんだ。カスティーリャはフランスと組んでこれに対抗した。イベリア半島は英仏百年戦争の南部戦線と化した。兵力に劣るフェルナンド一世はいずれも簡単に負かされ、主戦場となったポルトガルの国土は荒廃の極みにあった。民衆の不満は高まり、各地で暴動が頻発した。

それでも、フェルナンド一世は貴族層の支持を失っていなかった。そこに「戦争のために組織された社会」に特有の論理が働いていたことはいなめまい。国王は貴族の軍役奉仕に対して、俸禄《コンティア》▲と年金《テンサ》▲を支給してかかえこもうとした。

▼**ペドロ一世**（在位一三五〇～六九）　王権強化をはかりユダヤ人を重用したため、有力貴族の反発を受けた。青池保子の名作漫画『アルカサル——王城』（秋田書店、一九八四～九四年、二〇〇七年）でエンリケとの相克の物語が描かれている。

▼**エンリケ二世**（在位一三六九～七九）　アルフォンソ十一世の庶子でトラスタマラ伯。即位後、アヤラの年代記で「残酷王」ペドロ一世への反乱を正当化。

▼**フェルナンド一世**（在位一三六七～八三）　ポルトガルの第一王朝ボルゴーニャ朝最後の王。

▼**ランカスター公ジョン・オブ・ゴーント**（一三四〇～九九）　エドワード三世の三男で一時イングランドの実権を握った。カスティーリャ王ペドロ一世の娘コンスタンサと結婚。

▼**俸禄**　軍馬と武備の保持のための年次下賜金。

▼**年金**　世襲の「ジュロ」と異なり、一代限りか一時金。

●——ポルトガル全図

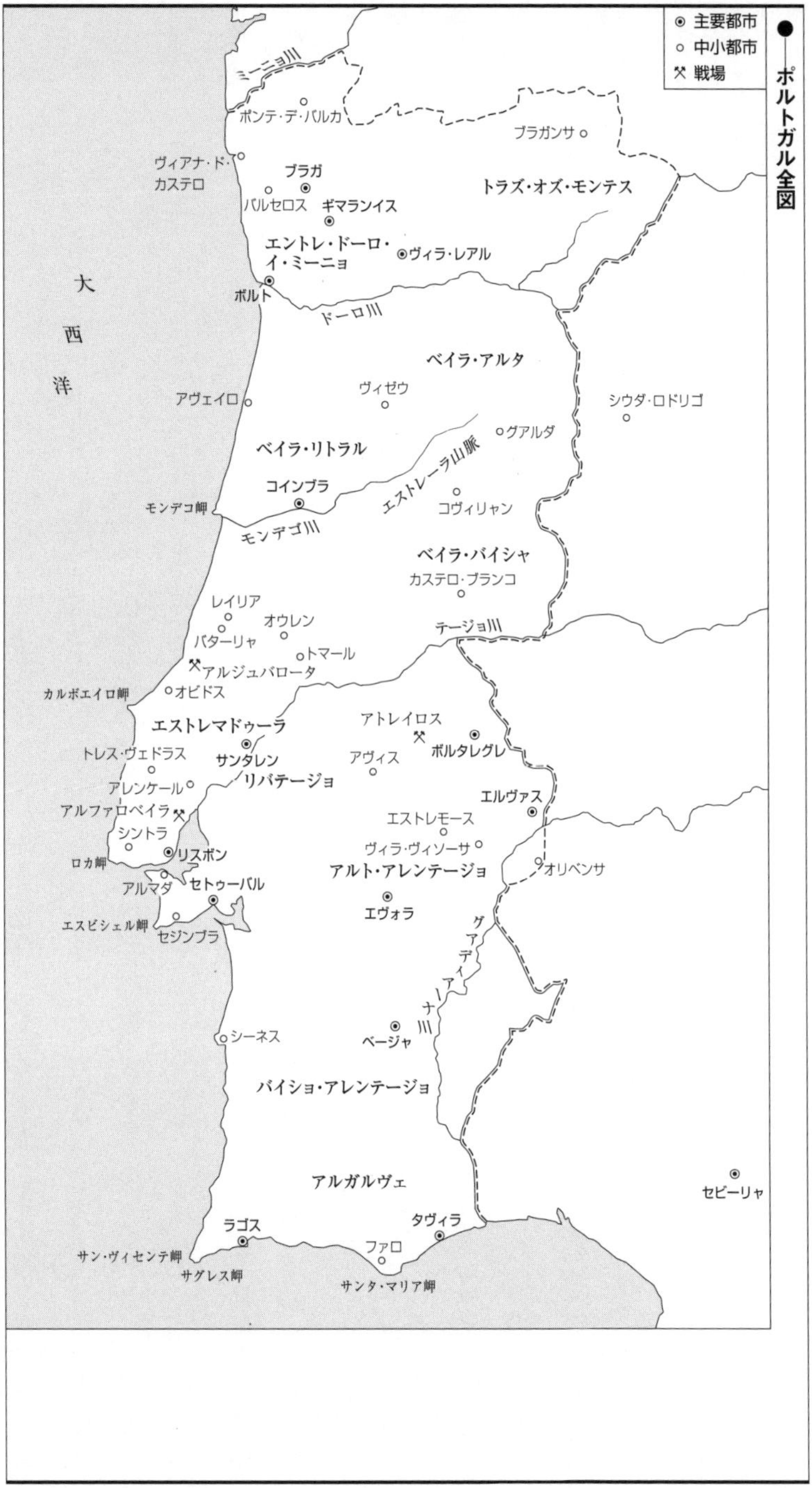
⊙ 主要都市
○ 中小都市
⚒ 戦場
大西洋
ミーニョ川
ポンテ・デ・バルカ
ブラガンサ
ヴィアナ・ド・カステロ
ブラガ
バルセロス
ギマランイス
トラズ・オズ・モンテス
エントレ・ドーロ・イ・ミーニョ
ヴィラ・レアル
ポルト
ドーロ川
ベイラ・アルタ
ヴィゼウ
アヴェイロ
シウダ・ロドリゴ
グアルダ
ベイラ・リトラル
エストレーラ山脈
コインブラ
モンデコ岬
コヴィリャン
モンデゴ川
ベイラ・バイシャ
カステロ・ブランコ
レイリア
オウレン
バターリャ
テージョ川
トマール
アルジュバロータ
カルボエイロ岬
オビドス
アトレイロス
エストレマドゥーラ
ポルタレグレ
トレス・ヴェドラス
サンタレン
アヴィス
リバテージョ
アレンケール
エルヴァス
アルファロベイラ
エストレモース
シントラ
ヴィラ・ヴィソーサ
リスボン
ロカ岬
オリベンサ
アルマダ
セトゥーバル
アルト・アレンテージョ
エヴォラ
エスピシェル岬
セジンブラ
グアディアナ川
シーネス
ベージャ
バイショ・アレンテージョ
アルガルヴェ
セビーリャ
ラゴス
タヴィラ
ファロ
サン・ヴィセンテ岬
サグレス岬
サンタ・マリア岬

平民騎士を含む三～四〇〇〇人の騎士に俸禄が支給された。支給総額は王室歳出のおよそ五分の一を占めるようになった。このうえに莫大な戦費が加わった。歳出の拡大を可能にしたのは、税制の改革である。フェルナンド一世は第二回の戦い（一三七二～七三年）に臨んで「王国の防衛のため」という名目で身分制議会《コルテス》にはかることなく、売上税《シザ》▲を王国全土に導入した。都市代表らは強く反発したが、一三八二年、売上税は歳入の約四割を占めた。

だが、この間、王朝の危機は迫っていた。三回目の戦い（一三八一～八二年）後、和約の条件によりカスティーリャ王フアン一世▲はフェルナンド一世の唯一の嫡子、ベアトリスと婚儀を結んだからである。翌年フェルナンド一世が死去すると、カスティーリャがポルトガルを併合する動きが生じ、このことが社会的騒乱の拡大・四度目の対カスティーリャ戦・王朝革命への導火線となった。

危機から拡大への転換

「一三八三～八五年の危機（アヴィス朝革命）」の通説的理解は以下のとおりである。

▼**売上税**　カスティーリャのアルフォンソ十一世によって導入された臨時の売上税アルカバーラに相当。

▼**フアン一世**（在位一三七九～九〇）国王顧問会議の官僚化や治安維持・徴税機構の整備などの諸改革を断行。

▼**ペドロ一世**（在位一三五七～六七）アフォンソ四世の息子。イネス・デ・カストロとの息子ジョアンとディニスはフェルナンド一世の死後、王位を請求。商人の娘テレザとの間にジョアン（のちのジョアン一世）。イネスとの悲恋はのちにオペラなどでとりあげられた。

フェルナンド一世の死後、ベアトリスの即位を告げる使者が各地に派遣された。だが、疫病と戦乱に苦しむ都市民は、王女の即位を拒んで蜂起し、前々王ペドロ一世▲の庶子でアヴィス騎士修道会総長のジョアンを「王国の統治者・防衛者」として擁立した。ベアトリスの母で摂政のレオノールはガリシア出身のオーレン伯を愛人としていたため、王女の嫡出が疑われ、怨嗟の的となっていた。反徒に一部の中小貴族が加わった独立派は、カスティーリャによる併合をよしとする国内大貴族らに対抗した。一三八五年五月、身分制議会で新王に推戴されたジョアン一世▲は、同年八月イングランド兵の支援をえて、カスティーリャの大軍をアルジュバロータで撃破した。こうして開かれたアヴィス朝のもとで、貴族層が再編されて下層貴族が台頭し、ジョアンを支えたリスボン市民の発言権が強まった。彼らが対外進出の核となった。

このストーリーは、主としてロペス▲の年代記に依拠している。だが、当然ながら、その記述はアヴィス朝の利害にそったものとしての限界をもつ。近年のプロソポグラフィー的研究は、王朝革命の前後における支配的貴族層の連続性

▼ジョアン一世（在位一三八五～一四三三）　フェルナンド一世の異母弟。戦争中、敵から「リスボンのメシア」と揶揄された。カスティーリャに対抗するため、一三八六年ウィンザー条約でイングランドと同盟を組んだ。

▼ロペス（一三八〇頃～一四六〇頃）　フェルナン・ロペス。一四一八年、王室図書館文書管理官に任命、三四年、王国主席年代記官に指名され、ペドロ一世・フェルナンド一世・ジョアン一世の年代記を残した「ポルトガル史の父」。平民への目配りと筆力で傑出した中世末の代表的史家で、ジャン・フロワサールと並び称される。

アルジュバロータの戦い

▼**廷臣手当**　奉職の経費に充てる月給の現物ないし金銭の手当。

を示している。貴族層の再編成はあったにしても、その規模は大きくなかった。とすれば、戦乱の終結そのものから新たな社会的危機が生じたのではないか。

ポルトガル軍は劣勢でありながら四度目にしてはじめて勝利をおさめた。それは王位継承権で劣位にあったジョアン一世にとって天佑であったが、あくまでも防衛戦であって、新たに領土がえられたわけではなかった。ほどなくイングランドはイベリア半島から去り、一四一一年十月、ポルトガルはカスティーリャと和約を結んだ。こうして戦いの機会はまたも失われた。

戦いの場と土地が与えられない貴族の不満は内訌《ないこう》の種となりうる。そのエネルギーを吸収ないし放散させて国家統合をはたす方途は何か。これがジョアン一世の課題であった。当面の策は王領地を譲渡することであったが、それもまもなく王子らの家産を拡大するために回収された。そこで別の方策がとられた。

一つは、前王朝末期で整備された財政的な報酬のシステムをさらに拡充し、地方の下層貴族をしっかりと宮廷にかかえこむ(あるいは城代などの地方代官として奉職させる)ことである。年金に加えて結婚祝い《カザメント》が与えられ、俸禄にかわって廷臣手当《モラディア》▲が導入された。受給廷臣《モラドール》は、最上位の顧問官を別とすれば、騎士と従士に区分された。廷臣手当の額と受給廷臣の地位は出自や官職を勘案して決められたが、とくに国王の知遇が重要であった。

これによって王室は軍役と統治の手段をえられたが、下賜歳出が膨らんだため、歳入の増強が必要となった。着目されたのは売上税である。その徴収は防衛戦のためという名目をはずされ、臨時税から恒久税へと変容し、税率は三・二%から一〇%へ引き上げられた。十五世紀初頭、売上税は歳入の四分の三近くを占めるほどになった。

しかしながら、疫病と戦役の影響は深刻で、ポルトガルの人口減は十五世紀半ば過ぎにようやく底を打った。一三六七〜一四七七年の間に歳入は半減した、と推定されている。歳入が伸び悩むかぎり、財政的な報酬のシステムは十分に機能しなかった。そこでアヴィス朝がとりえた第二の方策は、海外へ進出し「帝国」に戦いの場と財源を求めること、第三に、中南部に広大な所領を有する騎士修道会の「国内化」と「貴族化」である。

大航海時代初期、この三つの方策が、西方十字軍の精神を媒介に、リンクすることになり、その過程でエンリケ王子が前面に押し出されるのである。

▼**エンリケ**（フランス国立図書館蔵）
アズララ『ギネー発見征服誌』手稿の挿絵。同定には異説がある。

②―エンリケ王子の本懐

伝説の彼方へ

ポルトガルの王族ドン・エンリケ（一三九四〜一四六〇）の没後五〇〇周年にあたる一九六〇年、リスボンのベレン地区に「発見の記念碑」が建立された（表紙参照）。帆船をかたどったモニュメントの先端にエンリケが立ち、そのうしろに発見事業に寄与した三二人の航海者・軍人・宣教師・王族らが付き従っている。スペイン王に仕えたマゼランやナバラ生まれのザビエルの姿もみえる。ここにあるのは「エンリケ伝説」の再生産である。

金七紀男が指摘するように、海路によるインド到達を計画して、ポルトガル南西端サグレス岬に天文台と航海学校を建設し、各地から招聘した学者や知的専門職らに研究と海員の養成にあたらせた、という近代的な「航海王子」像は、十七〜十九世紀につくられた神話である。エンリケ伝説は、十九世紀末以降繰り返しその誤謬《ごびゅう》が指摘され修正がほどこされてきたにもかかわらず、容易に消え去ることはなかった。アフリカ植民地支配に固執する当時のサラザール独裁

●ポルトガル王家系図

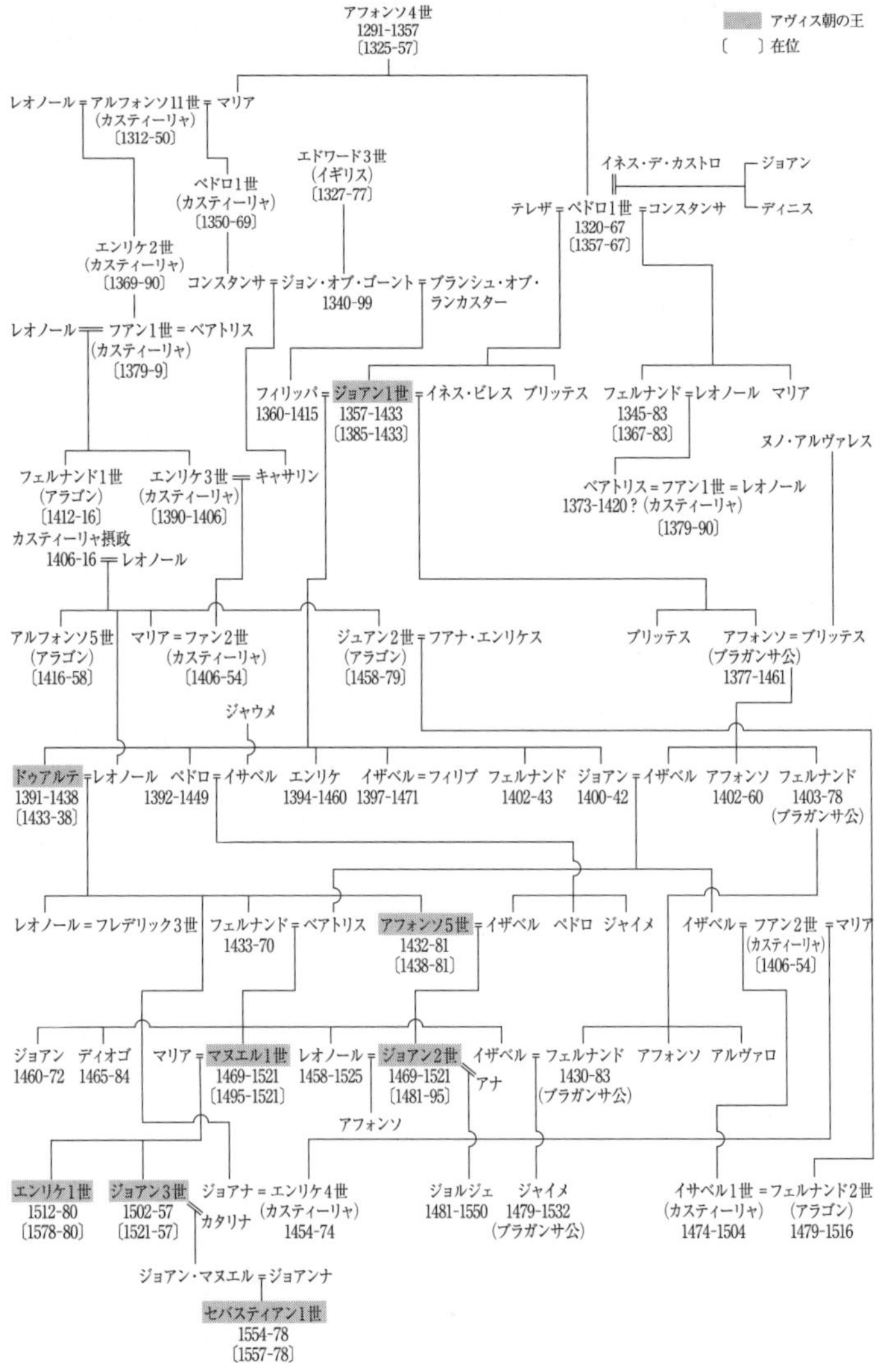
アヴィス朝の王
〔　〕在位
アフォンソ4世
1291-1357
〔1325-57〕
レオノール＝アルフォンソ11世＝マリア
(カスティーリャ)
〔1312-50〕
イネス・デ・カストロ
ジョアン
ディニス
エドワード3世
(イギリス)
〔1327-77〕
ペドロ1世
(カスティーリャ)
〔1350-69〕
テレザ＝ペドロ1世＝コンスタンサ
1320-67
〔1357-67〕
エンリケ2世
(カスティーリャ)
〔1369-90〕
コンスタンサ＝ジョン・オブ・ゴーント＝ブランシュ・オブ・ランカスター
1340-99
レオノール＝フアン1世＝ベアトリス
(カスティーリャ)
〔1379-9〕
フィリッパ＝ジョアン1世＝イネス・ピレス
1360-1415
1357-1433
〔1385-1433〕
ブリッテス
フェルナンド＝レオノール
1345-83
〔1367-83〕
マリア
ヌノ・アルヴァレス
ベアトリス＝フアン1世＝レオノール
1373-1420？(カスティーリャ)
〔1379-90〕
フェルナンド1世
(アラゴン)
〔1412-16〕
エンリケ3世＝キャサリン
(カスティーリャ)
〔1390-1406〕
カスティーリャ摂政
1406-16＝レオノール
アルフォンソ5世
(アラゴン)
〔1416-58〕
マリア＝フアン2世
(カスティーリャ)
〔1406-54〕
ジュアン2世＝フアナ・エンリケス
(アラゴン)
〔1458-79〕
ブリッテス
アフォンソ＝ブリッテス
(ブラガンサ公)
1377-1461
ジャウメ
ドゥアルテ＝レオノール
1391-1438
〔1433-38〕
ペドロ＝イサベル
1392-1449
エンリケ
1394-1460
イザベル＝フィリップ
1397-1471
フェルナンド
1402-43
ジョアン＝イザベル
1400-42
アフォンソ
1402-60
フェルナンド
1403-78
(ブラガンサ公)
レオノール＝フレデリック3世
フェルナンド＝ベアトリス
1433-70
アフォンソ5世＝イザベル
1432-81
〔1438-81〕
ペドロ
ジャイメ
イザベル＝フアン2世＝マリア
(カスティーリャ)
〔1406-54〕
ジョアン
1460-72
ディオゴ
1465-84
マリア＝マヌエル1世
1469-1521
〔1495-1521〕
レオノール＝ジョアン2世
1458-1525
1469-1521
〔1481-95〕
アナ
アフォンソ
イザベル＝フェルナンド
1430-83
(ブラガンサ公)
アフォンソ
アルヴァロ
エンリケ1世
1512-80
〔1578-80〕
ジョアン3世
1502-57
〔1521-57〕
カタリナ
ジョアナ＝エンリケ4世
(カスティーリャ)
1454-74
ジョルジェ
1481-1550
ジャイメ
1479-1532
(ブラガンサ公)
イサベル1世＝フェルナンド2世
(カスティーリャ)
1474-1504
(アラゴン)
1479-1516
ジョアン・マヌエル＝ジョアンナ
セバスティアン1世
1554-78
〔1557-78〕

政権にとって、エンリケは他国に先駆けた海外進出の歴史を称揚するうえで得がたい存在であった。

では、伝説のベールをはぎ取ると、どのような姿がみえてくるのであろうか。

エンリケの父はアヴィス朝の開祖ジョアン一世である。ジョアン一世は、カスティーリャとの対抗上、イングランドとの同盟をかためるため、ジョン・オブ・ゴーントの娘フィリッパと結婚した。そこから(夭折を除くと)五男一女が生まれた。三男エンリケは、父王、兄ドゥアルテ一世▲、甥アフォンソ五世▲の三代に仕えた。この間、エンリケは統治の実権を一度もとったことはないが、セウタ攻略以降の海上拡大を牽引するうえで枢要の役割をはたした。

初期の拡大は、大別して「西の果て」《マグリブ・アクサー》モロッコにおける軍事的拡大と大西洋アフリカにおける商業的進出という二つの路線をたどることになる。注目に値するのは、エンリケが「航海王子」の異名にふさわしい後者ではなく、前者の十字軍的な遠征に強い意欲を示していたことである。

なぜエンリケはモロッコにこだわったのか。モロッコ進出の第一歩、セウタ遠征について考える。

▼**ドゥアルテ一世**(在位一四三三〜三八)　「哲人王」の異名があり、『王室顧問官』『騎乗教練書』等を著した。

▼**アフォンソ五世**(在位一四三八〜八一)　エンリケ四世の娘フアナと結婚しカスティーリャ王位を請求。エンリケ四世の異母妹イサベル擁立派に敗れると、聖地巡礼に赴くなど国政への意欲を喪失。

セウタ遠征の目的と結果

一四一五年七月、ジョアン一世は嫡男のドゥアルテ、ペドロ、エンリケおよび庶子アフォンソをともなって自ら指揮を執り、二〇〇隻以上の船舶に二万人近い兵力を備えてセウタへ向けて進発した。その経費二八万ドブラは一四〇一年の歳入を三七%も上回っていたが、機密が重視されたため臨時課税によらず大規模な貨幣悪鋳と借り入れがおこなわれた。また、四王子をともなう親征は万が一の場合、王朝の存続を危うくする。これは国運をかけた戦いであった。

同年八月、ポルトガル軍はわずか一日の戦いでたやすくこの港市を陥落せしめた。ジョアン一世は軍功をあげた王子らを騎士に叙任したのち、約二五〇〇人の守備隊を残して帰国、ペドロをコインブラ公、エンリケをヴィゼウ公、セウタ総督とした。セウタ攻略は教皇マルティヌス五世の一四一八年四月四日の二通の勅書によって十字軍と認定され、参加者に全贖宥《しょくゆう》が与えられた。

大航海時代の鏑矢《かぶらや》はなぜセウタに放たれたのであろうか。アズララによると、嫡出三王子を騎士とするために騎乗槍試合《トーナメント》が計画されたが、王室財務官の提案でこれが実戦に変更され、遠征先としてセウタが選ばれた。さまざまな懸念事

▼**ペドロ**(一三九二〜一四四九) 一四一八年からヨーロッパ・聖地を遍歴、皇帝ジギスムントのもとで軍功をあげトレヴィーゾ公位を与えられ、イングランドでガーター騎士団の騎士とされた。一時摂政として国政を執ったがアルファロベイラの戦いで死去。

▼**アフォンソ**(一三七七〜一四六一) 初代ブラガンサ公。アヴィス朝革命の英雄ヌノ・アルヴァレスの娘と結婚。

▼**ドブラ**　一ドブラ金貨は六リブラに相当。リブラはポルトガルでは十三世紀半ばから一四三〇年代まで計算貨幣として支配的であった。

▼**アズララ**(一四一〇頃〜七四頃) 王国年代記官ゴメス・エアネス・デ・ズララの通称。前任者ロペスを補佐・継承し、『セウタ攻略誌』(一四五〇年)、『ギネー発見征服誌』(一四五三年)、初代セウタ長官ペドロ・デ・メネゼスとその息子ドゥアルテを中心とするモロッコ誌二点(一四六三、六八年)を編纂。

セウタ鳥瞰図

項を列挙し逡巡するジョアン一世を説得し決断させたのはエンリケであった、と。近現代の歴史家たちはこの記述を信ずるに値しないと考え、経済・戦略・政治の三つの側面から説明を試みてきた。

まず、経済的動機づけに関して取り上げられたのは、サハラ縦断の隊商によって北アフリカ沿岸へもたらされる商品、とりわけ金と奴隷、およびモロッコ産の穀物である。このルートにつながるセウタには、十二世紀以来ジェノヴァ人ら南欧の商人が来集していた。アヴィス朝の成立に寄与した都市民がこの物流の掌握を望んだ、というのが一部研究者のみたてである。

十五世紀初頭における「地金飢饉」、黒海沿岸からの奴隷供給の衰微、穀物不足という状況のなかで、モロッコの港市への関心が高まったとしても不思議ではない。だが、セウタは隊商路の末端にすぎず、攻略後、交易路から遮断された。軍事的征服によって既存の交易関係がそこなわれるリスクは予見されなかったのか。経済説の難点はここにある。

第二の戦略的動機づけはジブラルタル海峡の覇権にかかわる。十四世紀末、ナスル朝がアルヘシラスを破壊したため、残る四要衝のうちタリファはカスティーリャ、ジブラルタルはナスル朝、セウタとタンジェはマリーン朝が押さえており、海峡南岸はムスリム海賊の巣窟であった。それゆえ、セウタ遠征の真の目的はムスリム海賊からポルトガル沿岸部を守ることであった、という見方は一部歴史家の間で根強い。

ただし、十五世紀初頭、ムスリム海賊の脅威は史料的に明らかではない。むしろ、より強く働いていたのは、第三の政治的動機づけであったとみるべきであろう。すなわち、マリーン朝の衰退と内乱に乗じ、かつカスティーリャやアラゴンの機先を制して、海峡南岸に拠点を確保し、その周辺に新たな境域を設ける意図である。これは貴族らに戦いの場を提供しその不穏なエネルギーを放散させようという王室の思惑に寄与するはずであった。

貴族側は王室の意図をどのように受け取ったのか。セウタ遠征に参加した貴族は全兵力の一％にも満たず、セウタの防衛にあたる長官の選定にてこずるほどであったが、やがてステイタスの向上が動機づけとなった。初代セウタ長官メネゼスは、その家門がアヴィス朝革命でジョアン一世に敵対していたことから前半生において不遇をかこっていたが、長官として実績を残すと、ヴィラ・

レアル伯、ヴィアナ・ド・アレンテージョ伯とされた。戦士階級にとって、セウタは軍事教練・武勇発現の場であり、従士から騎士への昇進、軍事行政職の取得も期待できた。一四三七年までにセウタに駐留し奉職した貴族はのべ二四六人におよんだ。

セウタ駐留には実利もあった。セウタ長官のもとで小船隊が編制され、しばしばモロッコ・アンダルシア沿岸で略奪遠征がおこなわれた。王室の財政が逼迫するなかで、その戦利品は守備隊の給与にかわるものとみなされた。一四二五年春、パレンソ私掠隊はアライシュ沖で大型船を奪い、「モーロ五三人と黒いモーロ女三人」を捕獲した。

モーロ(ないしカスティーリャ語のモロ)はローマ帝国の属州マウレタニアの住民を指す「マウリ」に由来し、イベリア半島に侵入したベルベル人やアラブ人などのイスラム教徒とその子孫を意味していたが、海上拡大の過程で出会うイスラム教徒にもあてられるようになる。アズララの年代記において、対モーロのゲリラ的略奪はつまびらかに描かれており、そこに「恥の文化」は微塵もみられない。レコンキスタ時代、海陸にわたる小規模な略奪遠征は騎士にふさわしいものとして定着していたからである。

騎士道文化の衰退期にありながら、新しい辺境に季節はずれの花が咲こうとしていた。モロッコ十字軍の威光はピレネー以北から遍歴の戦士を呼び込んだ。南チロル出身の詩人オスヴァルト・フォン・ヴォルケンシュタイン▲は「セウタで戦勝に寄与した」と謡い、やはりセウタ遠征に参加したプロヴァンス出身の作家アントワーヌ・ド・ラ・サール▲によると、この遠征にフランス人従士七人が参加し、うち三人が騎士とされた。シュヴァーベンの騎士ゲオルク・フォン・エーインゲン▲は、一四五七年セウタ救援隊に参加し、低ドイツ語の兵士らを任されたこと、城外で衆目のなかモーロの強者を一騎打ちで倒し凱旋したことを誇らしげに語った。彼らは海上拡大において不足しがちな兵力の供給にいくばくかの貢献をなしたであろう。

だが、モロッコ軍拡をめぐる王室と貴族の折り合いは、長期的にみてポルトガルの国益をそこねるものであった。セウタ攻略後の一世紀以上にわたるモロッコ軍拡は、略奪益の一部上納とは比較にならない莫大な経費と重いリスクを王室に負わせることになる。国運をかけて獲得したセウタは保持せざるをえな

▼**オスヴァルト・フォン・ヴォルケンシュタイン**　「最後のミンネジンガー」と呼ばれる隻眼の騎士・外交官。皇帝ジギスムントに仕えた。

▼**アントワーヌ・ド・ラ・サール**　『ジャン・ド・サントレ』(一四五六年)等で著名。一四一四年ヘントで騎乗槍試合に参加、『騎乗槍試合史論』(一四五九年)を残した。セウタの記事は『フレンヌ夫人の慰藉《いしゃ》』(一四五八年)より。

▼**ゲオルク・フォン・エーインゲン**　一四五四年に聖地巡礼、フランス・ナバラを経てポルトガルへ。のちにヴュルテンベルク公に仕えた。セウタ救援譚は『騎士道への旅』(初版は一六〇〇年)による。

いが、それ以上の拡大はなすべきか否か……。一四三〇年代、王室顧問会議でモロッコ軍拡をめぐって厳しい意見の対立が生じた。

タンジェ遠征をめぐって

モロッコ軍拡の推進派はエンリケ、反対派はペドロに代表される。一四三六年三月のドゥアルテ一世宛文書によると、エンリケの見解は以下のとおりである。

人が専念すべきは、神に仕えることと、自己・家門・国家の名誉を求めることの二つである。マリーン朝のモーロ人に対する戦いはこの二つの課題を遂行するうえで理想的な方法である。対異教徒戦が正しいことは教会によって確認されており、その正しさの理由をいちいち述べ立てる必要はない。フェズ王国は政治的に分裂しており、武器は不足し城塞の防備は弱体である。ゆえに征服は容易である。

エンリケ論には、十字軍精神が横溢している。のちにエンリケはその遺言のなかで、自分は誕生時に両親によってフランス王ルイ九世に捧げられた、と述べている。最後の十字軍を率いてチュニスで斃《たお》れた伝説の聖王の姿に自らをかさね合わせていたのであろう。「正戦」▲を主張しながら、その論拠を開陳しないことも特徴的である。

一方、エンリケの弟ジョアンは正戦というみたてに疑義を呈した。すなわち、脅威を示さない異教徒に対して正戦をしかけられるという考え方は聖書に依拠するといえるのか、異教徒は戦争ではなく宣教によって改宗されるべきではないか、と。さらに、ピナ▲によると、ペドロは以下のような反対論を述べた。

この遠征は自衛の戦いではない。国王の良心を苦しめることなく、臣民に財政的負担をしいる権利はない。カスティーリャのグラナダ境域では獲得諸領域に効果的に守備隊がおかれ、領域間で連携がはかられるが、モロッコ諸都市は分散しており、占領しても軍は分断され連携は不可能である。また、そもそも人口の乏しい王国に恒久的に守備隊をおく余裕はあるのか。セウタの場合と異なり、此度の企画には機密が欠けている。タンジェのような人口稠密《ちゅうみつ》な都市をねらう場合、攻囲軍が逆に包囲される危険性が高い。したがって計画自体にリスクがあるが、たとえ成功しても、長期的に

▼「**正戦**」　ヨーロッパには、キケロやアウグスティヌスにさかのぼる正戦論の系譜がある。

▼**ピナ**　王国年代記官。『ドン・ドゥアルテ王年代記』(一五一三年)の執筆はロペスおよび(ないし)アズララによって始められ、ルイ・デ・ピナによって完成された。ピナの任命は一四九七年。

タンジェ鳥瞰図

は悲惨な結果をまねくことになろう。

ペドロ論は、モロッコ軍拡路線の危うさを正しく見通しており、視野の広さと見識の高さできわだつ。注目に値するのはグラナダへの言及である。ジョアン一世の庶子でバルセロス伯のアフォンソ(のちの初代ブラガンサ公)とその息子二人、アライオロス伯とオーレン伯も、一四三二年四～六月の文書でタンジェ遠征への反対論を展開しているが、この父子はかわりの選択肢として、カスティーリャと共同でのグラナダ遠征を推奨している。ジョアン王子も同様の意見であった。

以上のように、タンジェ遠征への反論は、必ずしも軍拡路線を否定するものではなく、ポルトガル王室にとって、より望ましい戦いの場はモロッコではなくグラナダであることを示していた。だが、事実上その選択肢は封じられていた。

セウタ遠征の準備が始まった時期(アズララによると、一四〇九年頃)、グラナダ辺境の戦いに進展があった。一四一〇年、カスティーリャ摂政フェルナンドは要衛アンテケーラを征服した。これはサラド川の戦い以来の功業とみなされ、一四一二年にフェルナンドがアラゴン王に推戴される理由の一つとなった。ジョアン一世は一四一二年と一五年秋、アラゴン王フェルナンド一世に、三二年七月にはカスティーリャ王フアン二世▲にグラナダ合同遠征を提案し、いずれも拒絶された。

レコンキスタ＝西方十字軍の伝統のなかにあるイベリアの貴族たちにとって、アンダルスの境域は社会的上昇と名誉をもたらす戦いの場であったし、共闘の前史はあった。ラス・ナバス・デ・トロサの戦い(一二一二年)やサラド川の戦いなど要所でキリスト教諸国軍はカスティーリャを中心にまとまって戦った。だが、ムスリム陣営の弱体化でカスティーリャは支援を求める必要はなくなった。ポルトガルからみて隣の大国の影は、アラゴン王にしてカスティーリャ摂政フェルナンドのもとでいっそう大きくなり、遠からず半島内のレコンキスタは完了するかにみえた。その際、海峡越えは必然となる。

反論や異論があるなかでドゥアルテ一世は呻吟《しんぎん》していたが、側近らはタンジェ征服がセウタへの脅威を減じ、海峡におけるカスティーリャの野心をはばむことになると説いた。国王はついに遠征の実行を決断し、総司令にエンリケ、

▼**フアン二世**(在位一四〇六～五四)　アラゴン派貴族、ついで寵臣アルバロ・デ・ルナに実権を握られた。

副官に末弟のフェルナンドを指名した。だが、臨時課税と十字軍勅書による教会への課税で捻出された遠征費五万七〇〇〇ドブラはセウタ遠征時の五分の一ほどにすぎず、また、船舶調達の不備もあってリスボンから進発した兵力は約七〇〇〇人で予定にほど遠かった。一方、モロッコ側はタンジェの城壁を補強し、約一〇万の大軍で迎え撃つ準備を整えていた。

一四三七年八～十月、エンリケ麾下《きか》のポルトガル軍はタンジェを攻囲したが、補給線を確保できず、ペドロが危惧したとおり、逆包囲の憂き目に遭い降伏した。撤退の条件はフェルナンドを人質として差し出すこととセウタの返還であった。エンリケはこれに同意したが、セウタの返還は国内の同意をえられず、身請け交渉も実らなかった。フェルナンドは六年後フェズで獄死した。

エンリケの責任は極めて重かったが、それでも失脚にいたらなかった。翌年ドゥアルテ一世が死去し、六歳の後継アフォンソ五世が即位した。カスティーリャ出身の母后レオノールとペドロが共同摂政となったが、まもなく両者間に権力闘争が生じた。エンリケはペドロ支持に回り、単独の摂政位(一四三九～四八年)を勝ち取り実権を握った兄から多くの権益を付与されたのである。

フェルナンド(一四〇二～四三)
フェルナンドは聖王子と呼ばれ、一四七〇年に列福された。左の肖像は十五世紀半ば頃に描かれたもの。リスボン国立古美術館蔵。

モロッコ軍拡路線はタンジェ遠征の失敗によってブレーキをかけられた。一四五八年のアルカセル・セゲル遠征まで、セウタがモロッコにおける唯一の拠点であった。モロッコ遠征に否定的なペドロが実権を握っていたことに加えて、経費の算段が困難だったからである。防衛戦ではない対外進出の戦争に臨時課税の賛助金を供出することは身分制議会の反発が強く、また、セウタ遠征の負債が長く残っていた。王室は悪鋳と経常歳入に頼らざるをえなかったが、世紀中頃まで歳入自体減退していた。

カナリア諸島への進出

モロッコ軍拡が停滞するなか、もう一つの選択肢、大西洋アフリカへの商業的進出が本格化した。注意を要するのは、モロッコ軍拡が国家事業としておこなわれたのに対して、大西洋アフリカへの進出がなかば私的事業としておこなわれたことである。後者は、摂政ペドロから特権を与えられたエンリケの主導で進められる。

ただし、カナリア諸島への進出は、セウタ遠征の一三年前、すでにフランス

『カナリア征服誌』(一四二〇年頃)の挿絵にみる「ベタンクール隊」 同誌はフランシスコ会修道士ピエール・ブーチエとジャン・ル・ベリエが執筆しガディファ・デ・ラ・サールが編纂。遠征の目的は、カナリア諸島先住民の改宗と「金の川への路を拓くこと」であった。首尾よく金の川へ達するならば、「フランス王国とすべてのキリスト教諸王国の名誉と利益に資するところ大であり、プレスター・ジョンの領土へ接近することも可能となろう」と記されている。

の騎士ベタンクールによって着手されていた。一四〇二年五月、ベタンクールは遠征隊を率いてラロシェルを出航したが、遠征半ばで支援をえたカスティーリャ王エンリケ三世の名において、一四〇五年までにカナリア主要七島のうちランサローテ、フエルテベントゥーラ、イェロの三島を征服した。セウタ遠征ではなく、このベタンクールの遠征を大航海時代の端緒とする見方もある。

ベタンクールは一四一八年十一月、領有権をニエブラ伯に売却したが、ファン二世が二〇年八月、未占有のカナリア諸島の征服権をアルフォンソ・デ・ラス・カサスに与えたため、権利関係が複雑化した。ここにつけいる隙を見出したのがポルトガルのエンリケである。エンリケは一四二四年、二七年、三四年、遠征隊をグラン・カナリア島に送ったが、先住民の抵抗にあって失敗した。

ブルゴス司教カルタヘナはバーゼル公会議(一四三五年)において、「ティンギタニア(モロッコ)」とそれに近接するカナリア諸島は「新ゴート主義」によってカスティーリャ王に帰属する、と主張した。新ゴート主義とは、アストゥーリアス・レオン・カスティーリャと続く王統が西ゴート王国の継承者であるとする考え方で、マグリブの一部を西ゴートが領有していたことから、イベリ

▼ベタンクール(一三六二〜一四二五)　ジャン・ド・ベタンクール。シャルル六世の弟に仕えていたノルマンディー・グランヴィルの領主。遠征隊を編制したガディファ・デ・ラ・サールは一三七八年と九〇〜九一年プロイセンにおけるドイツ騎士修道会の十字軍に参加、一三九〇年夏、マーディア攻囲の十字軍にブルボン公のもとで加わり、ベタンクールとともにモーロと戦った。

▼エンリケ三世(在位一三九〇〜一四〇六)　国王代官の派遣で主要都市の統制を強化。一四〇三年ティムール帝国へクラビーホ使節団を派遣した。

ア半島のみならず、マグリブにおける征服をも「回復」として正当化する意味を含んでいた。一二九一年十一月カスティーリャ王はアラゴン王と条約を結び、あらかじめマグリブを分割した。ポルトガル王はこの取り決めから排除されていた。カルタヘナの論理は教皇庁においても一定の評価をえたため、ポルトガルは「回復」の埒外で「発見」を主張する必要があった。

「回復」と海洋地理の限界をこえて

アズララによると、かつてアフリカ西岸における航海の限界はボジャドール岬にあった。岬沖は浅く潮の流れは激しくて、そこを通過する船は二度ともどることはできないと信じられていたが、エンリケは一二年間この難所に挑戦させ、ついに一四三四年家臣で従士のエアネスがボジャドール岬を回航した、と。探検が目的であったかのような記述だが、実態はセウタや本国から進発したモロッコ大西洋岸やカナリア諸島への略奪遠征の結果として踏査検分が進んだとみるべきであろう。

かつてフェレールが挫折したボジャドール岬の回航に成功したのには二つの

▼「カラヴェラ」　十五〜十六世紀の小型帆船。五〇トン前後、二本マストに縦帆装で間切り性能が高く逆風に強い。喫水が浅く沿岸探検・河川遡航が可能。船体の遺物は確認されていない。十三世紀初頭マグリブ・アルガルヴェの縦帆船 qârib に由来するという見方が有力だが、異説もある。六五頁参照。

カラヴェラ船のレプリカ

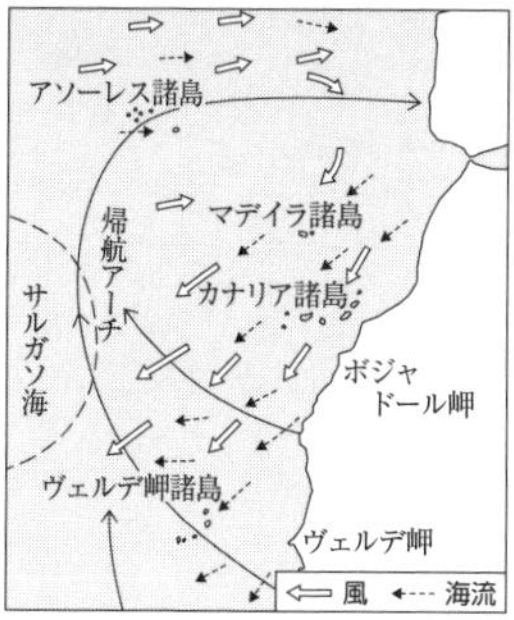

「帰航アーチ」の成立

理由があった。一つは海洋地理の認識、もう一つは船の帆装である。縦帆を備えた帆船「カラヴェラ」▲で右舷に北東貿易風を受けながら大きく旋回北上し、アソーレス諸島付近の緯度で偏西風に乗って東航し帰還する。「帰航アーチ」と呼ばれるこの航路は一四四〇年頃までに成立した。

ボジャドール岬以南への遠征は一〜数隻程度で、一回の経費はせいぜい二〇〇〇〜二五〇〇ドブラであった。王室へ五分の一税を上納することを条件として(ただし、ペドロとエンリケの家臣による遠征は無税)関心のある者すべてに開かれていたが、当初は収益があまり期待されていなかった。

潮目がかわったのは一四四一年、アズララによると、エンリケの家臣トリスタン、ゴンサルヴェスらがモーロのアザナギ(ベルベル系ゼナガ)族一二人を沿岸で拉致し、つれ帰った。彼らは襲撃に際してレコンキスタの守護聖人「サンティアゴ」の名を叫んでいた。これが「奴隷狩り」の端緒となり、アフリカ西岸への進出の気運を高めた。

一四四三年十月、摂政ペドロはボジャドール岬以南への航海・交易についてエンリケに特権を付与した。四四〜四五年、奴隷狩りは規模が拡大し、ラゴスとリスボンで奴隷市場が開設された。エンリケは「上等」の奴隷二〇%をとり、残りが競売にかけられた。

奴隷貿易の発展

この頃ポルトガル人は西サハラの乾燥地から緑豊かな黒人《ネグロ》の土地「ギネー」▲へ到達した。奴隷狩りは沿岸の住民に警戒されたため、新たな拉致対象を求めて南下をよぎなくされ、結果的に沿岸の踏査検分を進捗させた。だが、リスクが高く、狩る側が逆に狩られる場合もあった。そこで、数年のうちに拉致から貿易へと転換がはかられた。アザナギ族を対象とする奴隷狩りから、内陸の「アラブ(ハッサーン)人」が提供する黒人奴隷の組織的売買への転換である。

初期奴隷貿易の拠点として機能したのは、現モーリタニア西岸のアルギン島である。沿岸から内陸の隊商路の中継地ワダーンにつながり、かつ良質の水がとれるこの島に一四四八~五五年頃、商館が設立され、バロス▲によると、六一年に要塞化された。アルギンの要塞化はカスティーリャの進出に備える意味もあった。一四四九年、カスティーリャのフアン二世は、ゲ岬(アガディールの

▼「**ギネー**」　ギネー(ギニア)は、黒人(の地)を意味するベルベル語のアギナウに由来し、カタルーニャ・アトラスのギニアはそこから派生したと考えられている。アズララやカダモストによると、ギネーはセネガル川以南である。本書では、十五~十六世紀のポルトガル人による奴隷貿易のあり方をふまえ、ギネーは、アルギン商館付近から南へギネー湾を経て現ガボンのサンタ・カタリナ岬(南緯二度)までの沿岸地域を指すものとする。

▼**バロス**(一四九六~一五七〇)　ジョアン・デ・バロス。歴史家。「ポルトガル海上拡大の最大のイデオローグ」と評される。『アジア史』(一五五二~一六一五年)で著名。

北)・ボジャドール岬間の西アフリカ沿岸部をメディナ・シドニア公に与えており、五六〜六〇年頃「発見」されたヴェルデ岬諸島におけるポルトガルの占有にもカスティーリャ人は挑戦していたからである。

一四五〇年代アルギンからポルトガルへつれてこられた奴隷の数は年七〜八〇〇人におよんだ。奴隷は強制的にキリスト教に改宗させられた。アズララによると、ギネーの黒人はかつては異教徒《ジェンティオ》でイスラム教徒としての歴史が浅く、それゆえ改宗させやすいとみなされていた。

ただし、ヴェネツィア人カダモスト▲が認めたように、隊商路において支配的なベルベル人の抵抗などのため、アルギンにおける金の貿易は期待されていたほど伸びなかった。有力な金の鉱床はセネガル川とその源流ファレメ川にはさまれたバムブクとニジェール川上流のブレ、黒ヴォルタ川流域のロビ、森林地帯のアカンにあった。エンリケ時代に直にアクセスの可能性があったのはバムブクとブレであるが、セネガル川の遡航は困難であったため、一四五〇年頃から、ポルトガル人はガンビア川から内陸に浸透し、マンディンカ族から金を入手した。だが、それもわずかな量であった。金貿易が著しい発展をみせるのは

▼**カダモスト**　アルヴィーゼ・ダ・カダモストはエンリケの勧誘に応じて一四五五、五六年の二度、ギネー航海をおこなった。その『航海の記録』(一四六二〜六八年)は、なかば私的事業としてのギネー遠征のありさまをいきいきと伝える貴重な史料である。

●—大西洋アフリカ

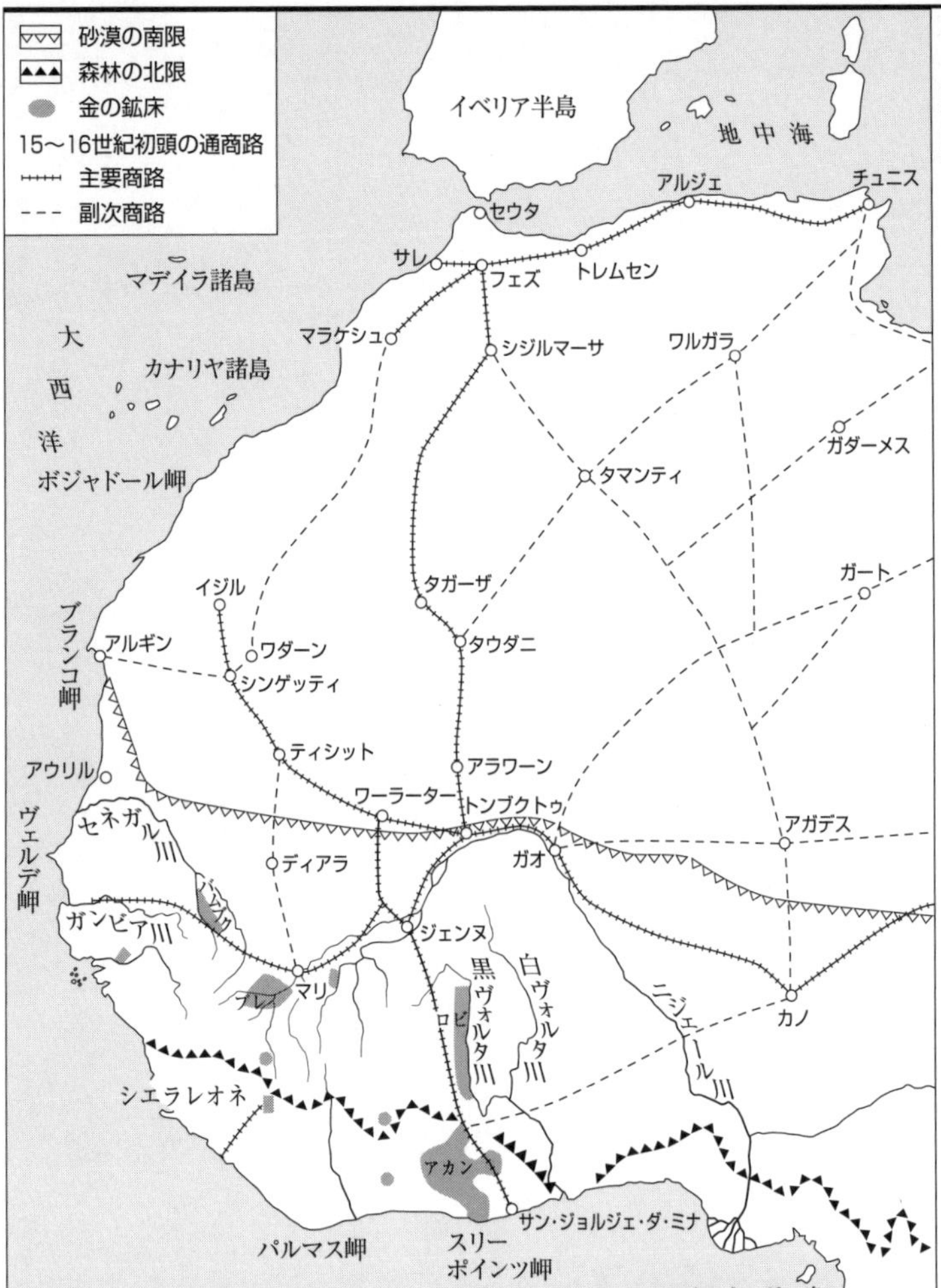
砂漠の南限
森林の北限
金の鉱床
15〜16世紀初頭の通商路
主要商路
副次商路
イベリア半島
地中海
チュニス
アルジェ
セウタ
サレ
フェズ
トレムセン
マデイラ諸島
マラケシュ
シジルマーサ
ワルガラ
大西洋
カナリヤ諸島
ガダーメス
タマンティ
ボジャドール岬
ガート
タガーザ
イジル
ブランコ岬
アルギン
ワダーン
タウダニ
シンゲッティ
ティシット
アラワーン
アウリル
ワーラーター
トンブクトゥ
アガデス
セネガル川
ヴェルデ岬
ディアラ
ガオ
ガンビア川
ジェンヌ
黒ヴォルタ川
白ヴォルタ川
マリ
ロビ
カノ
ニジェール川
シエラレオネ
アカン
サン・ジョルジェ・ダ・ミナ
パルマス岬
スリーポインツ岬
ギニア湾
フェンナンド・ポー島
プリンシペ島
サン・トメ島
アノボン島
サンタ・カタリナ岬
0
1000km

マデイラ諸島の砂糖生産量

（単位アロバ*）

1455年	1,600
1470年	30,000
1494年	105,000
1505年	143,000
1515〜25年	200,000

*1アロバ＝14.69kg

〔出典〕Godinho 1982-1984, vol. 4:75-78. より作成。

エンリケの没後二〇年あまりのちのことである。

また、十五世紀初頭に「再発見」された大西洋諸島については、エンリケは一四三三年にマデイラ諸島の、三九年にアソーレス諸島の領主権を国王から与えられた。無人の両諸島には、カナリア諸島の場合のような厳しい占有の競合はなかった。とくに豊かな環境を有するマデイラ諸島で入植が進み、穀物と木材の生産が成長した。さらに十五世紀半ば、イタリア人の資金やノウハウが導入されて、サトウキビの栽培と砂糖貿易が成長する。だが、砂糖の輸出量がヨーロッパ随一の規模に達し国家の財政に寄与するのはやはりエンリケの没後、十五世紀末〜十六世紀初頭のことである。

エンリケの評価

大西洋アフリカへの商業的進出に弾みがついたのはペドロ摂政期である。それゆえ一部の歴史家の間では、モロッコとカナリア諸島に執着したエンリケより、国内商業資本の利害に配慮したペドロの貢献を高く評価する向きが強い。しかしながら、ペドロは、成人に達した娘婿のアフォンソ五世にうとまれて失脚し、一四四九年五月アルファロベイラの戦いで殺害された。アフォンソ五世の後ろ盾となったのはペドロの異母兄でポルトガル最大の貴族、初代ブラガンサ公アフォンソである。エンリケはペドロをみすてて国王側にまわり、権勢を保つことができた。

以来、アズララの年代記などでエンリケは、発見事業における功績が顕彰され、やがて「航海王子」として内外に喧伝される。アヴィス朝にとって、反徒とされたペドロの貢献をエンリケに移しかえる必要があった。長く教皇庁秘書官を務めたポッジョ・ブラッチョリーニ▲は、ペドロの失脚ないし死去の頃の書簡で、古代の英雄を凌駕する人物としてエンリケに賛辞を贈った。

交誼を結んだ多くのポルトガル人から知りえたところによると、あなた［エンリケ］はその勇力《ウィルトゥス》に突き動かされたように、大洋の果てに船を送り、アフリカの南方をこえて、ついにエチオピアに達した。マケドニアのアレクサンドロスは大地を勝利で席巻したが、それらの地域はすでに到達されていた。他方、［エンリケの］勇力が届いた地域はかつて何人も達したことのない世界である。また、カエサルはガリアとブリタニアを平定しゲル

▼**ポッジョ・ブラッチョリーニ**（一三八〇〜一四五九）　古代作家の写本発掘に尽力したイタリアの人文主義者。歴代教皇の秘書官で、のちにフィレンツェの書記長。

マニアを攻めたが、それらは既知であるか、あるいはローマ帝国に隣接した地域であったにすぎない。

黒人の土地を意味するエチオピアはギネーとかさなる部分があった。カダモストはセネガル川からエチオピアが始まると述べた。アフォンソ五世が発注したフラ・マウロ図（一四五九年）の西アフリカには巨大な「エチオピア湾」が描かれており、プレスター・ジョンの国＝エチオピアへの接近が容易であると思わせた。アズララによると、エンリケはギネー踏査においてプレスター・ジョンの情報を探らせていた。

ポッジョの情報源としては、アフォンソ五世がローマに送り込んだ遵奉使節団らが想定できるが、エンリケもこの頃教皇庁に独自ルートでさかんに働きかけていた。エージェントとなったのはキリスト騎士修道会の上席受領騎士《コメンダドール・モル》であったロペス・デ・アゼヴェドやエンリケの聴罪司祭でドミニコ会士のアフォンソ・ヴェーリョらであった。

彼らの活動が一四五五年一月八日に布教保護権▲の原型となる教皇勅書 Romanus pontifex を生んだ。そこではギネーにおける航海・征服・貿易など

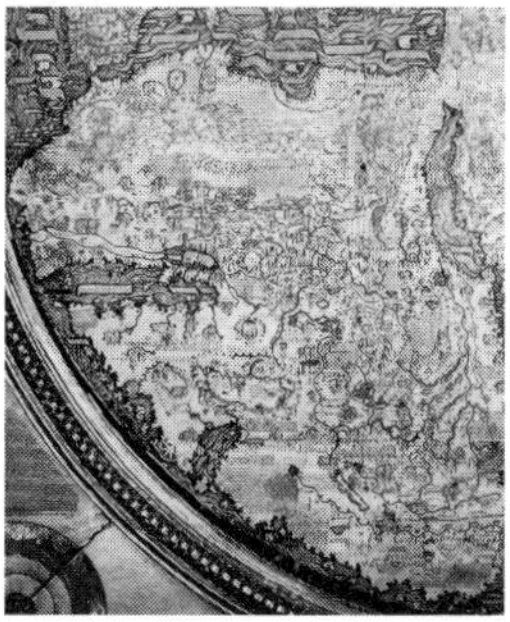

フラ・マウロ地図部分　ヴェネツィア国立マルチャーナ文書館蔵。

▼布教保護権　ポルトガル・スペイン両王権による海外教会の支援制度。教皇から両王権への征服予定地の「贈与」と抱き合わせで与えられた義務（人事権等を含むので権利でもあった）。

の特権が付与される対象として、国王と並んでエンリケの名がいくたびも引用されている。さらに、五六年三月十三日の勅書 Inter caetera では、エンリケが総長を務めるキリスト騎士修道会に、ギネーからインドにいたる征服予定地における霊的管轄権と聖職任命権が与えられた。

教皇庁はなぜエンリケの伝説化に寄与したのか。十四世紀末〜十五世紀初頭、教会大分裂《シスマ》そして公会議主義の台頭によって教皇の権威はゆらぎ、オスマン帝国軍によるコンスタンティノープルの陥落はカトリック世界に衝撃を与えた。内外の危機に直面した教皇庁にとって、エンリケらによるギネーの奴隷狩り・貿易で多くの改宗者をえたことは大きな成果と映ったのである。

海上拡大の担い手の立場からみれば、なかば私的事業であるギネー遠征においても社会的昇進の事例がみられることは重要である。エンリケの死(一四六〇年十一月)までの「発見」の遠征を率いた指揮官五八人のうち四六人、つまり約八割はエンリケの家臣であった。エアネス、トリスタン、ゴンサルヴェスら成果をあげた家臣らは騎士に叙せられた。

パトロネジは大航海時代のかくれたキータームというべきであろう。のべ八

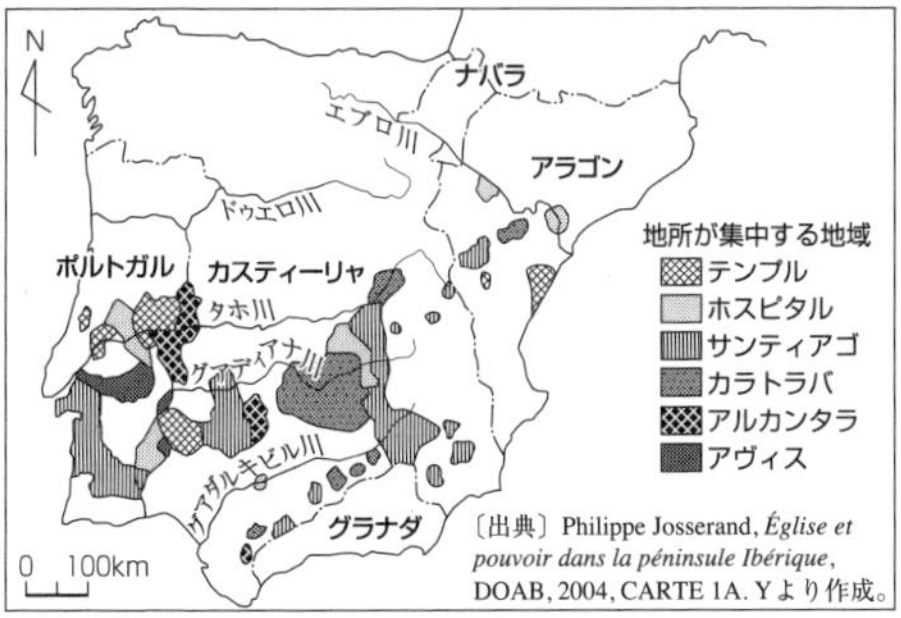

〔出典〕Philippe Josserand, *Église et pouvoir dans la péninsule Ibérique*, DOAB, 2004, CARTE 1A. Yより作成。

十三世紀末イベリア半島の騎士修道会領

三六人の家臣・奉公人をかかえたエンリケは、多大な財源を必要としていた。その「利権あさり」(金七紀男)にもかかわらず、エンリケは死後大きな負債を残した。大西洋アフリカへの遠征は彼の所領およびキリスト騎士修道会の収入に依存していた。教皇の「贈与」は、このような先行投資に対する補償という側面をもっていた。

キリスト騎士修道会は大航海時代のアイコンであるばかりか、現代でも敬意をはらわれている。ポルトガルの大統領は世俗化された同会の総長である。その修道騎士は通常の騎士とは異なる存在であったが、混同されかねないので、海上拡大の初期における騎士修道会の位置について整理しておく。

変容する騎士修道会

騎士修道会は十字軍時代に聖地国家の防衛と巡礼者保護を名目に創設されたが、やがて王侯らから多くの寄進をえてヨーロッパで所領を拡大した。イベリアでもテンプルとホスピタル(聖ヨハネ)▲の両騎士修道会が所領をえたが、さらに十二世紀後半、次々と在地の騎士修道会が生まれた。なかでもカスティーリャのカラトラバ騎士修道会▲とレオンのサンティアゴ騎士修道会▲は半島各地に管区を展開させた。これら騎士修道会は大レコンキスタの主力となり、半島の中南部に広大な領土をえた。

だが、十三世紀半ばにグラナダを残してレコンキスタがほぼ完了し、同世紀末までに聖地諸国家が消滅すると、騎士修道会はその存在理由の少なくとも一部を喪失し、変質してゆく。変質とは、騎士修道会が戦闘性を失い領主的組織となること、そして「国内化」および「貴族化」である。

国内化のきっかけとなったのはテンプル騎士修道会の廃絶である。イベリアの諸王はテンプルの領土をホスピタルに移管させるという教皇庁の方針に強く反発した。交渉の末、アラゴンではテンプルの領土の一部が新設のモンテサ騎士修道会に、ポルトガルではテンプルの領土のすべてが新設のキリスト騎士修道会に移管された。さらに、サンティアゴ・カラトラバ両騎士修道会の各ポルトガル管区が、前者は同名で、後者はアヴィスの名で、カスティーリャ本部から切り離された。ホスピタルのポルトガル管区は国際的紐帯を維持したが、大きな力をもたず、ポルトガルでは自立したサンティアゴ、キリスト、アヴィス

▼ホスピタル（聖ヨハネ）**騎士修道会** 聖ヨハネ施療院を中心とするホスピタル兄弟団に十字軍士が加わり、一一五四年ホスピタル騎士修道会として教皇に認可された。

▼カラトラバ騎士修道会 一一五八年カスティーリャ王サンチョ三世によって創設された。教皇認可は一一六四年、シトー派修道院の傘下。

▼サンティアゴ騎士修道会 一一七〇年ムワッヒド朝に対抗するためにカセレスでレオン王フェルナンド二世によって創設された。当初はサンティアゴ・デ・コンポステーラとは無関係であった。アウグスティヌス会則に拠る。のちにイベリア系で権威随一とされた。

の三騎士修道会が有力となった。この三騎士修道会における位階は上から総長・上席受領騎士・旗手長《アルフェレス・モル》・受領騎士《コメンダドール》・騎士で、組織の基本単位である地所《コメンダ》を与えられたのは受領騎士以上であった。

国内化は総長職を王族が占めることでさらに一歩進められた。この点ではカスティーリャが先んじていた。摂政フェルナンドは一四〇八〜九年に息子のサンチョとエンリケをアルカンタラとサンティアゴの総長とした。一五〇四年までに、三騎士修道会の総長職がカトリック両王▲のもとに確保された。

ポルトガルでは、一四一八年ジョアン王子がサンティアゴ騎士修道会の、二〇年エンリケ王子がキリスト騎士修道会の、三四年フェルナンド王子がアヴィス騎士修道会の統括者(事実上の総長)として認められた。ただし、王子らは騎士修道会を領主として用いる傾向があったため、一時騎士修道会は国王に対する自立性を強めた。そこでアフォンソ五世以降の国王は総長職を後継王太子に与えるか、あるいは自ら兼務しようとした。国王としてはじめてキリスト騎士修道会の総長となったのはマヌエル一世(在位一四九五〜一五二一)である。一五五〇年八月、三総長職をジョアン三世▲が兼務し、翌年教皇がこれを認可した

▼**カトリック両王**　カスティーリャ女王イサベル一世とアラゴン王フェルナンド二世の尊称。一四九六年十二月、教皇アレクサンデル六世から与えられた。

▼**ジョアン三世**(在位一五二一〜五七)　マヌエル一世と、カトリック両王の三女マリアの長男。

ため、国内化は完成した。

では、変質した騎士修道会は大航海時代にどれほど貢献したのであろうか。初期の推進者エンリケがキリスト騎士修道会の総長であり、一四五六年の教皇勅書によって同会が海外領における精神的統治権をえたことはよく知られている。それゆえに、その貢献に疑いはないように思われるが、歴史家の評価は高いとはいえない。

総長を別とすると、セウタ遠征に参加が確認されている騎士の数はわずか九人であり、次のタンジェ遠征についても、九〜一〇人の受領騎士と騎士のみである。一四五六年と六二年、教皇は各騎士修道会にモロッコに修道院を建立し歳入の三分の一以上をそこに投じること、そしてセウタにおける駐留と防衛を担うことを要請した。だが、キリスト・サンティアゴ両騎士修道会の総長であった王弟フェルナンド▲は要請を拒絶した。なぜレコンキスタに貢献した騎士修道会はその延長線上にあるはずのモロッコ遠征に積極的に参画しなかったのであろうか。

騎士修道会は北アフリカにおける攻撃的戦争のためにではなく、ポルトガル

▼**フェルナンド**(一四三三〜七〇) アフォンソ五世の弟でベージャ公。跡継ぎのいない大叔父エンリケ王子の養子とされたため、エンリケの死後その資産と位階の一部を継承した。

の防衛のためにつくられたのであって、レコンキスタは軍が海に達した時に完了した。騎士が乏しい資産をもって北アフリカにとどまらざるをえないとなると、騎士修道会に加入するのは下層の者ばかりとなろう、というのがその論理である。ここには戦闘性の喪失のみならず、構成員の貴族化が進行していたことの影響があらわれている。十三世紀以降、騎士修道会の貴族化はヨーロッパ各地で進んでいた。ポルトガルでは十五世紀半ば、受領騎士の半分以上は貴族出身者となっていた。

かつてラス・ナバス・デ・トロサの戦いにおいて最前線で奮戦し高い致死率を示した修道騎士の姿はみられない。その有様はジョアン二世治下初の身分制議会(一四八一〜八二年)で平民代表に批判された。騎士修道会の地所は、ロードス島の騎士▲に倣って、アフリカの戦いにおける貢献で与えられるべきだ、と。騎士修道会が国王権力の装置へ変貌をとげ対外進出の前線に立つのは、マヌエル一世の治世以降においてである。エンリケのキリスト騎士修道会は初期の海上拡大に財政上の寄与をした点で、中間権力の社団としては例外的存在であった。

▼ロードス島の騎士　アッコン陥落後キプロスを経てロードス島へ本拠を移していたホスピタル(ロードス)騎士修道会を指す。一四八〇年メフメト二世のオスマン帝国軍による四カ月の攻囲を耐え抜いてこれを退け、評価を高めた。

③—ポスト・エンリケの海上拡大

アフォンソ五世のモロッコ十字軍

アフォンソ五世の異名「アフリカ王」は、大西洋アフリカではなくもっぱらモロッコへの執着を示したものである。彼は叔父で義父の前摂政ペドロを倒すと、その長い親政期(一四四八~八一年)において、エンリケがこだわった十字軍的なモロッコへの軍拡路線にふたたび注力するようになった。

コンスタンティノープル陥落後、アフォンソ五世は教皇カリストゥス三世▲による対オスマン十字軍の詔勅にこたえた。だが、これが実現しないとわかると、モロッコへの親征を決断した。一四五五~五八年にカスティーリャ王エンリケ四世▲がグラナダ遠征を敢行したことも刺激となっていた。

老齢のエンリケも艦隊の一部を率いたが、全体を統括したのは王自身と王弟フェルナンドであった。一四五八年十月、三一〇隻二万五〇〇〇人の大軍は二日の攻囲でアルカセル・セゲル▲を落とした。だが、小さな拠点の征服はアフォンソ五世を満足させなかった。一四六二年、エンリケ四世がグラナダからジブ

▼**カリストゥス三世**(在位一四五五~五八) バレンシアのボルハ(ボルジア)家出身。一四五六年三月、キリスト騎士修道会にギネーからインドまでの精神的統治権・聖職叙任権を付与。

▼**エンリケ四世**(在位一四五四~七四) 有力貴族の反抗を制して王権を強化。王女フアナでなく異母妹イサベルのカスティーリャ王位継承を承認。

▼**アルカセル・セゲル** 「小さい砦(カスル・サギール)」の意。現在は廃墟。

ラルタルを奪ったため、海峡四要衝のうちムスリム支配下はタンジェのみとなった。アフォンソ五世は一四六三〜六四年、タンジェをねらって親征したが、失敗し数百人の兵士を失った。

状況に変化をもたらしたのはモロッコの内紛である。一四六五年マリーン朝最後のスルタン、アブドゥルハック二世はフェズの暴動で殺害され、シャリーフ▲の政権が成立した。しかし、七一年アシラー(アルジーラ)を本拠とするワッタース家のムハンマド・シャイフがフェズを攻略し、翌七二年ワッタース朝が開かれた。

アフォンソ五世はムハンマド・シャイフがフェズを攻略中の隙を突き、火器で強化された「三万の兵士・四〇〇隻の艦隊」でアシラーを陥落せしめた。一六歳の王太子ジョアンはただちに騎士に叙せられた。アシラー住民二〇〇〇人が殺害され、五〇〇〇人が拘束された。アシラー陥落の報に恐怖したタンジェの住民が逃亡したため、タンジェは無血でポルトガル軍の手に落ちた。こうして北部モロッコの主要港市はほぼポルトガルの勢力圏にはいったのである。

「アフリカ王」は得意の絶頂にあった。スペイン・グアダラハラのパストラ

▼**シャリーフ**　預言者ムハンマドの末裔。

ーナ教区博物館に所蔵されている四幅のタペストリー▲は、アシラー・タンジェ遠征の成功を内外に向けて喧伝するために作成された。そこに記されたアフォンソ五世の称号は「ポルトガルと両アルガルヴェの王」である。アルガルヴェとは「西」すなわちイスラム支配下のイベリアの西部《アルガルブ・アルアンダルス》を意味する。レコンキスタを完了せしめた十三世紀半ば以来、ポルトガル王はカスティーリャを牽制するため、最後に征服したアルガルヴェ地方の王を併称していた。アフォンソ五世は、アルガルヴェとモロッコを両アルガルヴェとひとくくりにすることで、モロッコ軍拡をレコンキスタの延長上に位置づけ、新ゴート主義の一翼を担う立ち位置を要求している。

以上のように、モロッコ軍拡派の領袖エンリケの位牌は甥アフォンソ五世に引き継がれ、アシラー・タンジェ遠征で最初のピークに達した。むろん、それは国家財政への負担をさらに大きくした。アルカセル・セゲルおよびアシラー・タンジェへの遠征の経費は計二〇万ドブラ強、これらモロッコ拠点・要塞の防衛のために、一四八一年までにさらに一五万ドブラを要した。モロッコ守備隊の兵士・官吏への給与は経常費用の一割強(一四七八年)に達しており、王

▼パストラーナ・タペストリー
現ベルギー・トゥルネの工房でつくられたと推定されている。個々の兵士の甲冑・装備が描き分けられており、軍事史料として価値が高い。

●―パストラーナ・タペストリー「タンジェ入城」

●―アシラー鳥瞰図

●戦場のアフォンソ五世（パストラーナ・タペストリー「アシラー上陸」より）

室特別経費(一四四一〜八一年)の四分の一をモロッコ事業が占めた。

ただし、アフォンソ五世治世期の歳出に占める割合で突出していたのは軍事費ではなく、「再分配的」経費である。王族・大貴族への援助金、廷臣が受給する廷臣手当、中小貴族などに付与される年金などからなる下賜金は、一四七三年の歳出の六割をこえていた。アフリカ王がもう一つの異名「寛大王」をえていたゆえんである。

他方、大西洋アフリカへの商業的進出に参画したなかば私的な事業体は奴隷・砂糖などの貿易から利益をあげ、国家の経済にもいくばくかの波及効果はもたらしたが、それはモロッコ事業の莫大な経費とは比較にならず、その赤字が補塡されたわけではなかった。エンリケ没の時点で「発見」はシエラ・レオネに達していたが、以後ギネーにおける踏査検分は一時停滞した。

転機は、アシラー・タンジェ遠征がおこなわれた一四七一年に訪れた。その幸運をたぐり寄せ、新たな国家戦略のなかに組み入れたのが、ジョアン王子、のちの「完全王」ジョアン二世である。

ジョアン二世の政策転換

ジョアン二世の治世(一四八一〜九五)、海上拡大は中期へ移行した。それはポルトガルにかぎったことではない。スペイン(カスティーリャ)が海上拡大を本格化したからである。

即位時ジョアン二世は、アフォンソ五世から継承したのは道路だけであったとなげいたが、父王と対照的に、王権の強化・王領地の回復・下賜の緊縮をはかり、謀反の咎《とが》で大貴族のブラガンサ公フェルナンド、ヴィゼウ公ディオゴを処刑した。このためジョアン二世には「残酷王」の異名がある。とくに一門の領地で国土の一七%強を占め、一〇の公侯伯爵位と軍総司令官職を有するブラガンサ家への弾圧▲は重大で、継子・公弟と多くの郎党が隣国へ逃れた。

ジョアン二世は即位前の一四七四年から対外政策の実権を握り、政策転換をおこなった。すなわち、国家に負担をしいていたモロッコ軍拡にブレーキをかけ、エンリケの没後に停滞していた大西洋アフリカへの商業的進出を強化し、これを国家事業に格上げしたのである。

新たな展開の兆しは七〇年代初頭にあらわれていた。一四六八〜七四年、リ

▼ブラガンサ家への弾圧　ジョアン二世の母はコインブラ公ペドロの娘イザベル。第三代ブラガンサ公フェルナンドの処刑には祖父のペドロを死に追いやった初代ブラガンサ公アフォンソへの復讐心があったという見方もある。

スボンの商人フェルナン・ゴメスに二〇万レアルでギネー貿易の権利が譲与され、ギネーにおける年一〇〇レグアの踏査検分が義務づけられた。この結果、のちに奴隷貿易の中心となるサントメ、プリンシペ両島が一四七一〜七七年に発見された。とりわけ重要なのは、一四七一年一月、ゴメスがはじめて艤装した船隊によって、現ガーナ沿岸における豊かな金貿易が「発見」されたことである。アカンとロビ産の金の入手拡大にめどが立った。七四年ゴメスは貴族に列せられた。

この状況をほかのヨーロッパ人が見のがすはずはなかった。なかでもカスティーリャの船隊はギネーとその海域に進出した。イベリアにおける戦争がこれに連動した。アフォンソ五世がイサベルのカスティーリャ王即位に異議を唱えたため、カスティーリャ王位継承戦争(一四七四〜七九年)が勃発していた。

すでにポルトガルで実権をえていたジョアン王子は内外の問題の収束に取り組んだ。その成果が一四七九年九月のアルカソヴァス条約である。トロの戦いに勝利しカスティーリャの王冠を確保したイサベルは、カナリア諸島とその対岸の征服権をえたが、その他の大西洋諸島とボジャドール岬以南のギネーおよ

▼フェルナン・ゴメス　このゴメスは、一四五五年に「ギネーからの全物品の収税官」に任ぜられ、アルカセル・セゲル攻略に寄与した「王家の従士」ゴメスと同一人物である、という見方もある。

▼レアル　レアルは一四三〇年代以降の計算貨幣。一四五七年からクルザード金貨が鋳造された。一クルザード＝三九〇レアル(一四八五年時点)。

▼レグア　レグアは海上における距離の単位。一レグアは約五・九キロメートル。

●—ジョアン二世（ルイ・デ・ピナ『ドン・ジョアン二世年代記』挿絵）

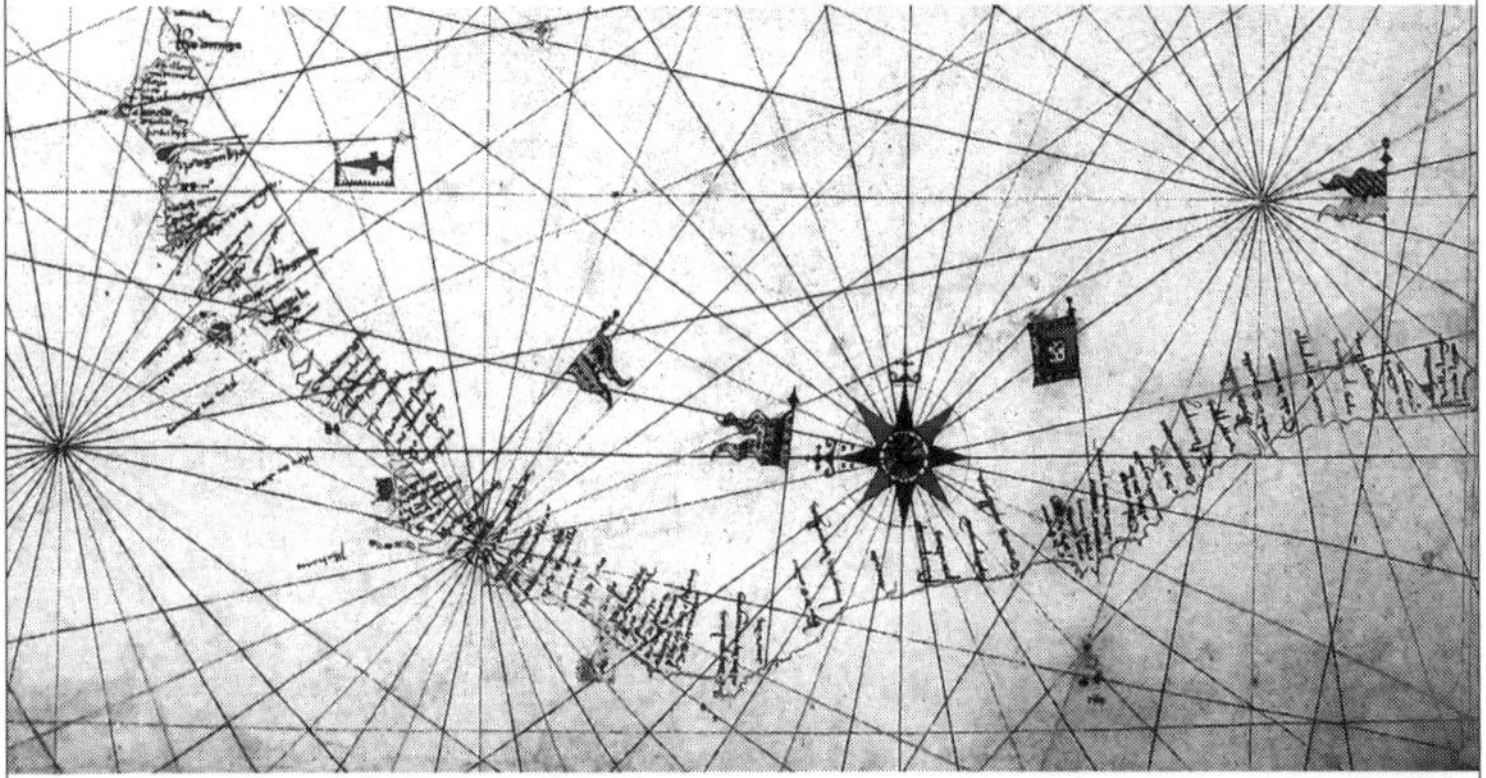

●—ゴメス時代のギニア湾における「発見」を示すポルトガル製最古のポルトラーノ型海図部分（一四七一年頃）　スリーポインツ岬にポルトガル王室旗がみえる。モデナのエステ家文書館蔵。

●—ゴメスに与えられた紋章（アントニオ・ゴディーニョ『貴族と完全なる紋章の書』〈一五一六〜二六年〉所収）

▼トルデシーリャス条約　コロンブスの「発見」地への支配権を確保するため、カトリック両王は一四九三年教皇アレクサンデル六世から勅書をえてアソーレス・ヴェルデ岬両諸島の西方一〇〇レグア以西を征服予定領域としたが、ジョアン二世の反対を受け、翌年トルデシーリャス条約でヴェルデ岬諸島の西方三七〇レグアの子午線を両国の分界線とした。

びフェズ王国の征服権に関してはポルトガルの権利を認めた。この条約は翌年六月、教皇シクストゥス四世によって追認され、一四九四年六月のトルデシーリャス条約▲における世界分割《デマルカシオン》の原型となった。

しかし、取り決めは実体化を保証しない。即位後、ジョアン二世はギネー貿易の専有化に着手した。一四八一年十二月、アヴィス騎士修道会の騎士アザンブジャの指揮のもと、一二隻の船隊で多くの資材、五〇〇人の兵士と一〇〇人の作業員がギネーへ送られた。翌年、現ガーナのエルミナに、サン・ジョルジェ・ダ・ミナ商館＝要塞が建設された。

以来、この商館＝要塞は金・奴隷貿易の最重要拠点として機能した。金貿易は王室の独占下におかれ、十六世紀初頭にかけて最大で年間七〇〇キログラムの金がリスボンにもたらされた。また、ポルトガル人によってヨーロッパに搬入された奴隷の数は一四八〇〜九九年、年平均で約二二〇〇人にはねあがった。

一四七〇年頃、ギネーの経済的価値は四〇〇万レアル程度とみられていたが、一四八〇年代、ギネー貿易を統括したリスボンのギネー館の総収入は五〇〇〇万レアルをこえた。これは一四七三年時点における国内の歳入五二〇〇万レア

●—エルミナ現況

●—サン・ジョルジェ・ダ・ミナ鳥瞰図

●—ギネーからポルトガルへの金輸入量（一四八七〜一五五九年）

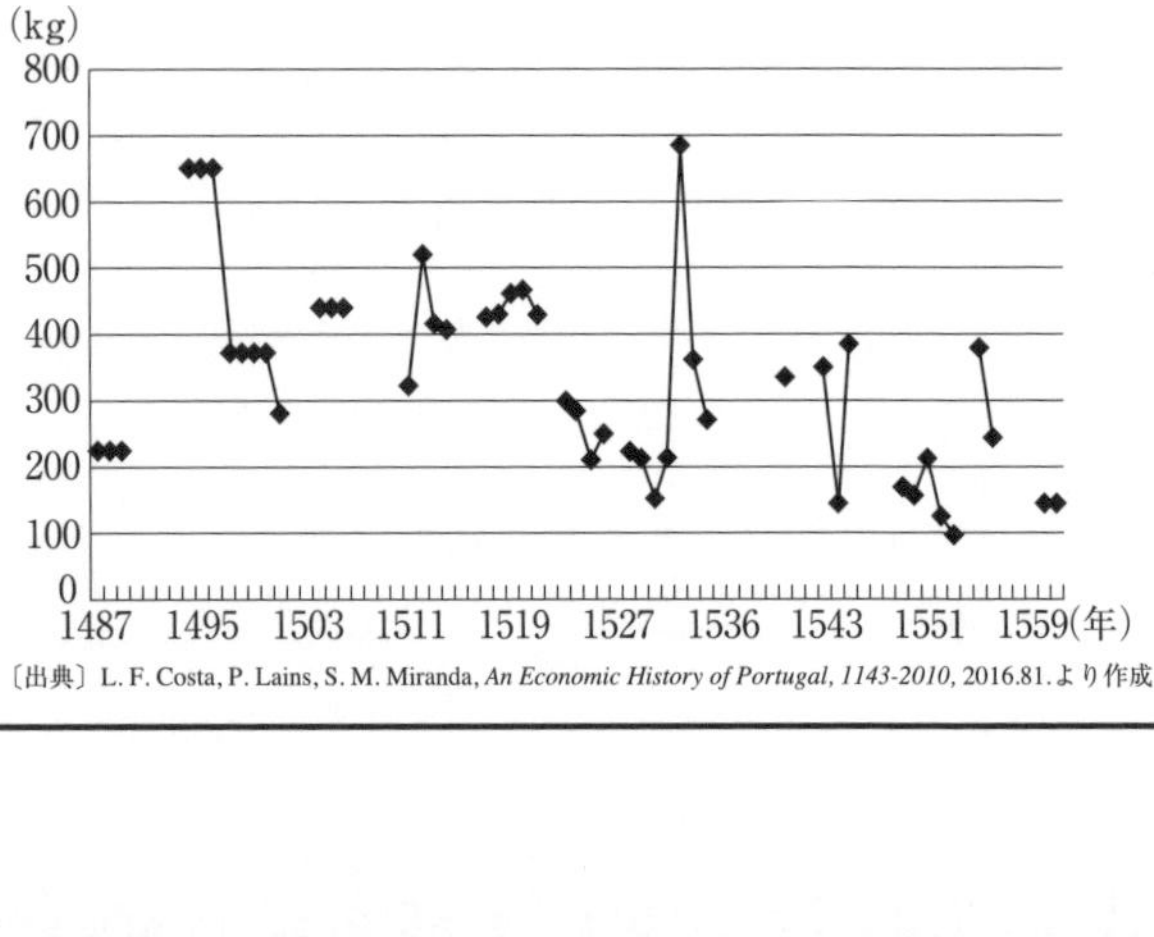

〔出典〕L. F. Costa, P. Lains, S. M. Miranda, *An Economic History of Portugal, 1143-2010,* 2016.81.より作成。

ルに迫るものであった。アルギンおよびサン・ジョルジェ・ダ・ミナの商館＝要塞はのちにインド洋沿岸で展開される交易拠点帝国の原型ともいえよう。ようやく帝国は大きく儲かるようになった。問題は資源を消耗させるモロッコの取り扱いであった。

南モロッコの活用

ジョアン二世はセウタなど海峡や北部の拠点は維持しつつも、それ以上の軍事的征服活動をほぼ中断▲した。そのうえで、生産力のある南モロッコの諸都市を保護下におき、本国と南モロッコとギニア湾とを結ぶ「三角貿易」を展開させようとした。

伝統的にサハラ越えの隊商路で南モロッコとギネーが経済的に結びついていたため、ポルトガル人は有力なユダヤ人をつうじてマラケシュ産の織物などの製品を買いつけて、それらでギネーの奴隷・金貿易に参画した。南モロッコではヨーロッパの製品の需要が高く、ポルトガルで不足がちな穀物を入手できた。

南モロッコでとくに注目されたのはドゥカーラ地方の二都市である。フェル

▼**軍事的征服の中断**　例外として一四八九年七月、北モロッコのグラシオーザに送られた小遠征隊がある。

●—サフィ鳥瞰図

●—アザムール現況

●—ポルトガル支配下のモロッコ港市・拠点

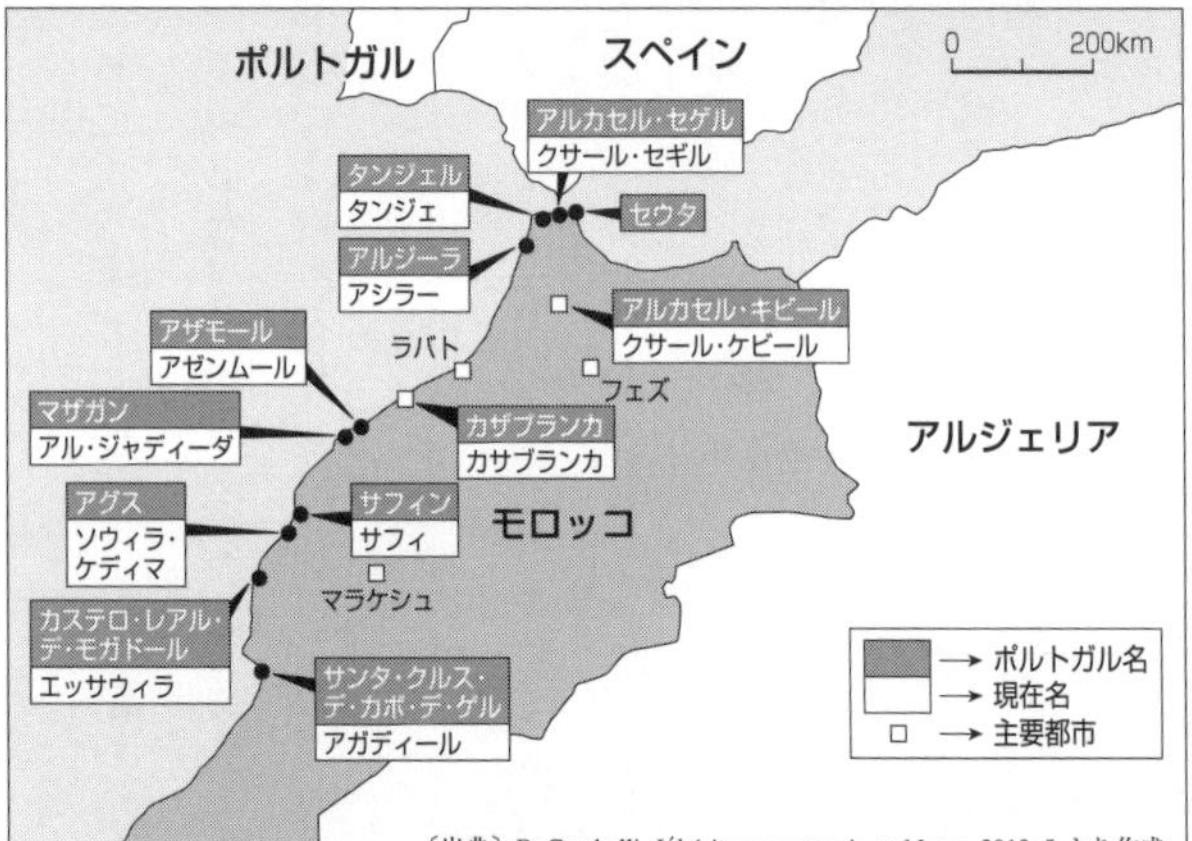

〔出典〕R. Carabelli, *L'héritage portugais au Maroc*. 2012, 5. より作成。

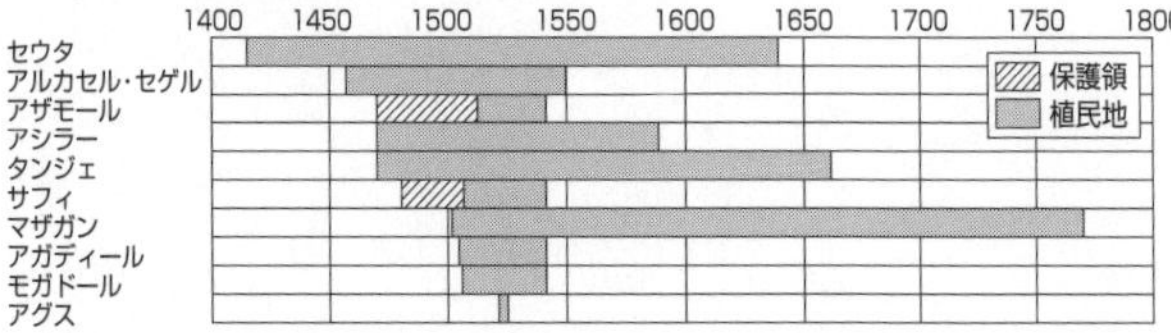

ナンデスによると、布地・織物の生産で重要なのはサフィとアザモールであった。加えてアザモールには豊かな漁場があり、サフィは良馬を提供した。

すでにアフォンソ五世治世の末期、サフィと保護・通商の協定が交わされており、おそくとも一四七九年にポルトガル商館が同市におかれた。サフィ当局は年貢三〇〇メティカルと良馬二頭の支払いを負い、かわりにサフィのムスリムはポルトガルで交易をおこなう権利を与えられた。アザモールも八六年にポルトガル王の宗主権を認め、年に一万匹の魚《シャド》・金三〇〇メティカル・良馬二頭の貢納、商館の設立を許した。

このような政策転換が可能になった背景として、ワッタース朝の直接的統治が南部におよんでいなかったこと、そしてドゥカーラ地方の「平和のモーロ」と呼ばれたムスリムがポルトガル王の保護と交易を求めていたことをあげなければならない。

▼フェルナンデス（一五一九頃没）　ヴァレンティン・フェルナンデス。モラヴィア出身の印刷業者、十五世紀末からリスボンで活動。『ヴァレンティン・フェルナンデス手稿（あるいはディオゴ・ゴメス報告）』（一五〇六〜〇七年頃）は初期海上拡大の重要な一次史料。

▼メティカル　アラビア語でミスカール。イスラーム世界のディナール金貨の重量単位。

インド計画の立ち上げ

注目すべきは、ジョアン二世が、アザンブジャ隊の派遣後まもなく、アフリカを周航しインドへの海路を開く遠大な企画を立ち上げていたことである。一四八二〜八六年、二度にわたって王家の従士ディオゴ・カンの遠征隊がアフリカ南西岸を踏査し、一四八七〜八八年、ついにディアス隊が喜望峰を回航した。同じ頃、地中海・紅海経由で間諜《かんちょう》コヴィリャン▲とパイヴァらが派遣され、さらにエチオピアで胡椒の産地インドのマラバール海岸やペルシア湾のホルムズ、さらにエチオピアで情報が収集された。これらの航海と情報がガマの率いるインド遠征隊の前提となるはずであった。

エチオピアが視野にはいったことからわかるように、ジョアン二世の企画には政治・軍事・宗教的動機が萌芽的に含まれていた。すなわちプレスター・ジョンとしてのエチオピア皇帝と同盟を結び、カイロなど中東イスラーム世界の中核を叩こうというもので、この動機はのちにマヌエル一世によって強く押し出されることになる。

以上のように、ジョアン二世治世においてポルトガルの海上拡大は新たな段階にはいった。ギネーの金・奴隷貿易の活況に吸い寄せられるように、外国の商人らがリスボンに到来した。そのうちの一人がジェノヴァ人コロンブスだ。

▼**コヴィリャン**（一四五〇頃〜一五三〇頃）　ペロ・ダ・コヴィリャン。ポルトガル王家の従士。エチオピア王室に重用され帰国を許されなかった。一五二〇年、リマのポルトガル使節団に同行したアルヴァレスが、コヴィリャンから聴取した記録を『インディアスのプレステ・ジョアンについての真の情報［エチオピア王国誌］』（一五四〇年）に取り込んだ。

学習するコロンブス

ジェノヴァとポルトガルの縁は深い。一三一七年二月、ディニス王▲はジェノヴァのペサーニャ▲を世襲の提督として招聘した。カスティーリャでも同様にジェノヴァ人が提督となった。サラド川の戦いにおける勝因の一つはここにある。以来、ロメリーニなど有力なジェノヴァ商人の到来が続いた。エンリケのもとでギネーへ航海したウソディマーレやデ・ノリもジェノヴァ人である。ジェノヴァ人はマデイラ諸島における砂糖業や砂糖貿易の興隆にも貢献した。

コロンブス▲は一四七六年から約九年間ポルトガルに滞在し、すでにリスボンで海図作成業を営んでいた弟バルトロメと連携して活動した。息子エルナンドの伝記によると、南へ航行し西方へ転じて航行すれば土地がみつかるとコロンブスが考えるようになったのは、ポルトガルにおいてである。アジアへの西回り航海案の理論的前提は、ピエール・ダイイ『世界の形姿』等をつうじてえられた知識を彼なりに解釈してもたらされた約二五％過少評価の「小さな地球観」であるが、航海の実現を担保したのは、ポルトガル時代に習得した北大西洋の海洋地理である。

▼**ディニス王**（在位一二七九〜一三二五）　一二九七年カスティーリャとの国境を画定。検地で王権強化をはかった。

▼**ペサーニャ**　イタリア名エマヌエレ・ペサーニョ。ジブラルタル海峡付近における私掠権も付与された。彼の手土産は配下二〇人とガレー船三隻。

▼**コロンブス**（一四五一〜一五〇六）　イタリア名クリストフォロ・コロンボ、スペイン名はクリストバル・コロン。ジェノヴァの職工の息子。出生地についてカタルーニャ、ポルトガルなど異説は多いが、通説は覆されていない。

●—コロンブス（セバスティアーノ・デル・ピオンボ作）　メトロポリタン美術館蔵。

●—コロンブスの大西洋航路とのちの西インド航路

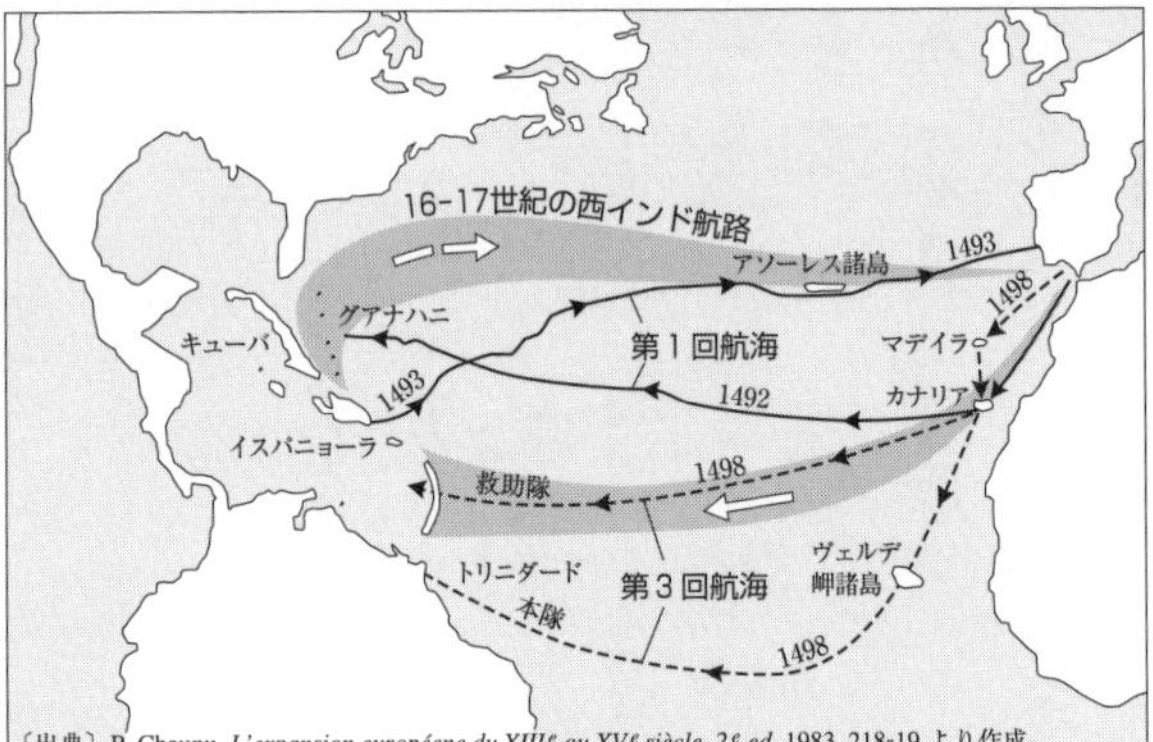

〔出典〕P. Chaunu, *L'expansion européene du XIIIe au XVe siècle*, *2e ed*. 1983, 218-19 より作成。

●—帆船の発展

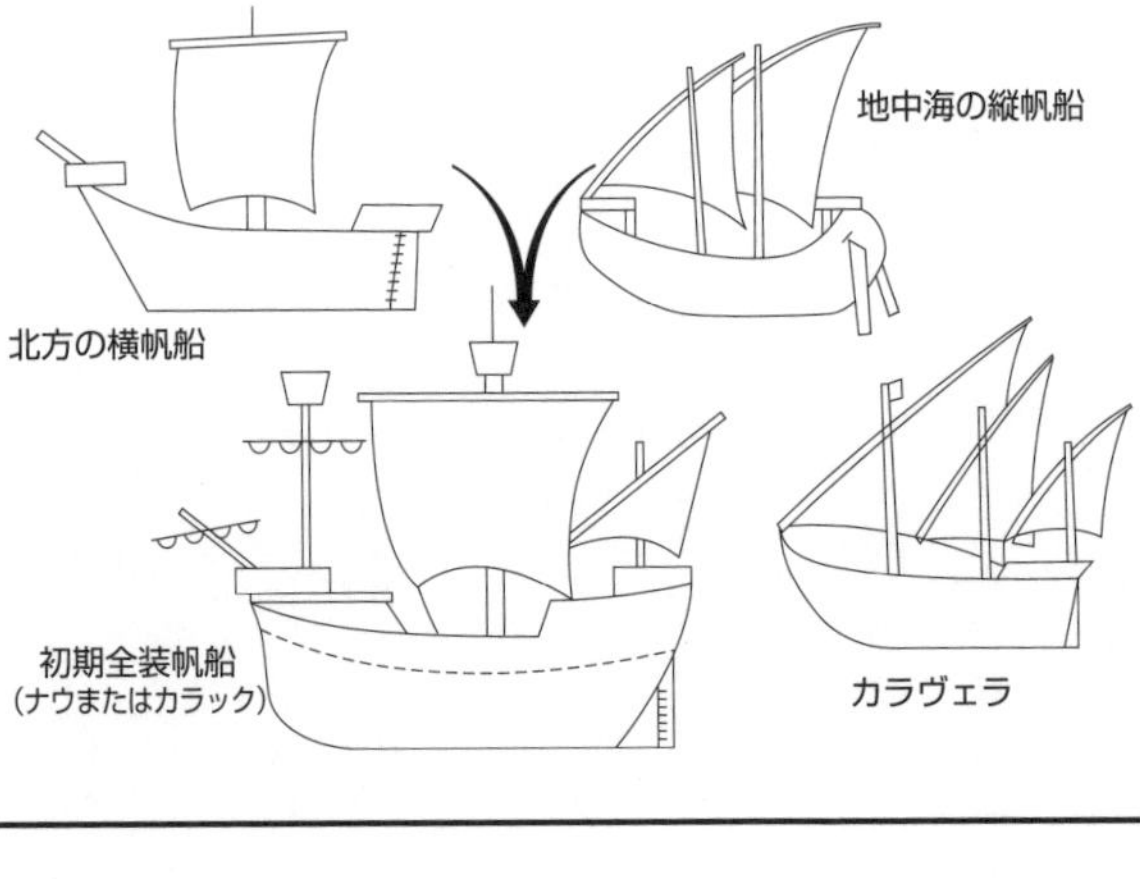

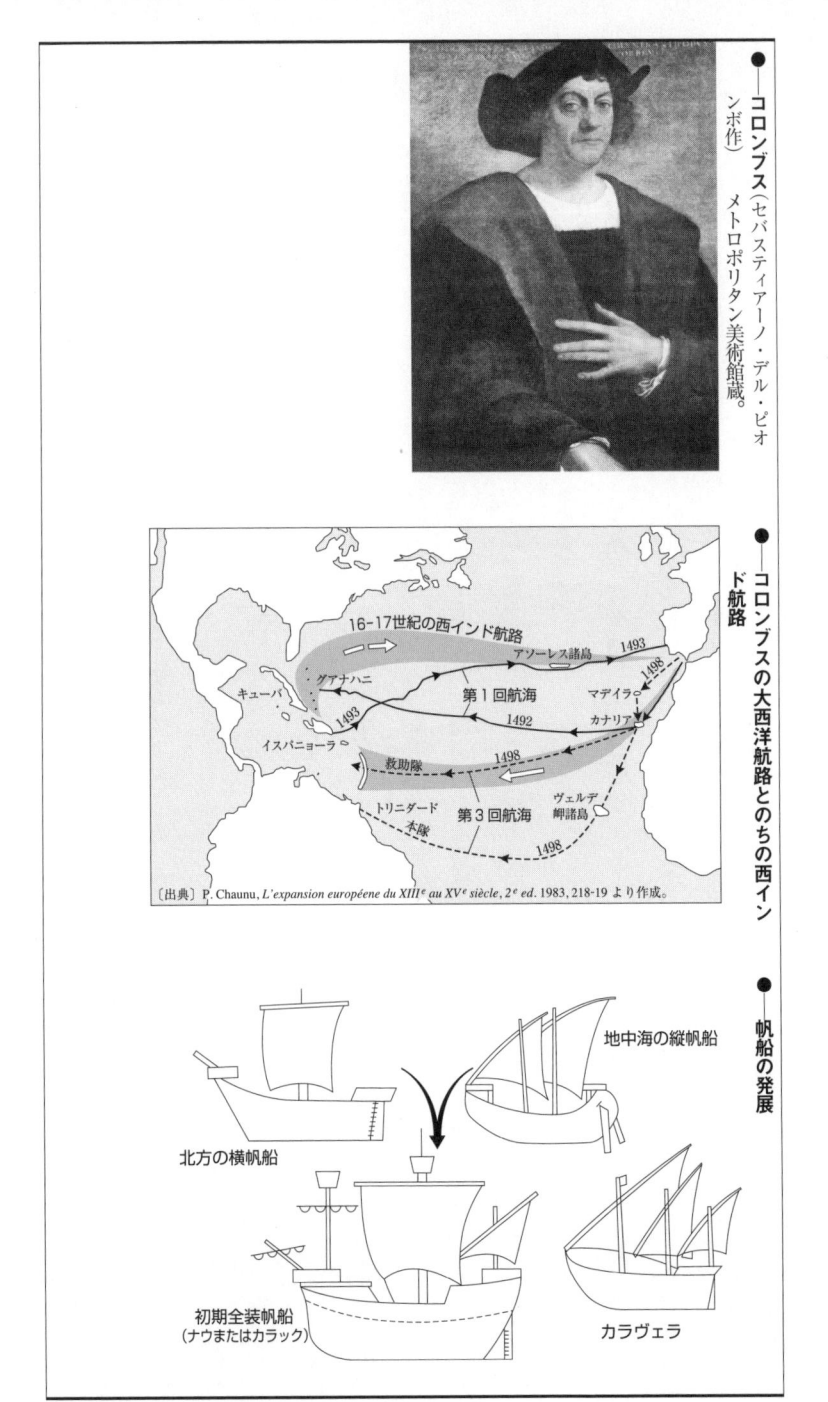

その学習と人脈形成をより円滑なものとしたのは、貴族の娘フェリパ・ペレストレーリョとの結婚である。フェリパの祖父フィリッポ・パラストレッリはピアツェンツァ出身で一三八五年頃にポルトガルに定着し、やがて貴族の地位をえた。その末子バルトロメウはジョアン一世の四男ジョアンの、その死後はエンリケの宮廷で養育を受け、一四四六年、エンリケによってマデイラ諸島ポルト・サント島の世襲領主となった。その二度目の妻イザベルとの間に生まれたのが、フェリパである。イザベルの父アイレス・モニスはアルガルヴェの富裕な領主でエンリケに従ってセウタ遠征に参画した。コロンブスは一四七八年ジェノヴァ商人の代理でマデイラ島の砂糖貿易にかかわっており、七九年にフェリパと結婚した。コロンブスは間接的にエンリケの人脈につながっていたのである。

ラス・カサス神父▲はコロンブスとフェリパの息子ディエゴから聞いた話として、コロンブスは義母イザベルから亡夫バルトロメウの「航海にかかわる器具・書類・絵図」を譲渡されたという。また、カトリック両王のもとで実現した第一回航海の日誌や『世界の形姿』欄外のコロンブスによる注記によれば、

▼**ラス・カサス神父**（一四八四～一五六六）　バルトロメ・デ・ラス・カサス。司祭、のちにドミニコ会士。スペイン人によるアメリカの征服・入植にともなう先住民の弾圧・酷使を告発し、征服の不当性を指摘した。彼の『インディアスの破壊についての簡潔な報告』（一五五二年）はフランス語訳等で流布され、反スペインの宣伝に利用された。

コロンブスはギネー航海の経験があった。したがって、妻の一族からえられた知識ばかりか、すでにエンリケ時代に成立していたギネーからの「帰航アーチ」についても知りえたはずだ。これを応用し大きく西方へ展開したものが第一回航海の航跡である。ナウ船▲一隻とカラヴェラ船二隻のコロンブス隊は、パロスからカナリア諸島へ南下したあとその緯度をほぼ保ちながら西行し、帰りは北上してアソーレス諸島経由で帰還という時計回りの大四辺形を描いた。

西回りのアジア航海案をめぐって

バロスによると、一四八三〜八四年、コロンブスから西回りのアジア航海案を売りこまれた際、ジョアン二世は、オルティス▲やメストレ・ジョゼ▲らにその案を検討させた。その結果、コロンブスの構想はマルコ・ポーロのシパンゴ(ジパング)など想像によったものとして退けられた。西回り航海案は、すでに一四七四年六月、トスカネリ▲からリスボン聖堂参事会員マルティンス宛の書簡において推奨されており、王室周辺で知られていた。それにもかかわらず同案はなぜ却下されたのか。一つ推測できるのは成功報酬の要求が過大とみなされ

▼**ナウ船**　北方の横帆・船尾材舵と地中海の縦帆をあわせもつ初期全装帆船。別名カラック(六五頁「帆船の発展」参照)。

▼**オルティス**　ディエゴ・オルティス。サラマンカ大学の天文学講座を担当したカスティーリャ人。エンリケ四世の王女フアナの庇護下にあったため、イサベル派に敗れるとフアナの夫アフォンソ五世下のポルトガルへ移った。タンジェ司教、セウタ司教、ヴィゼウ司教を歴任。

▼**メストレ・ジョゼ**(生没年不詳)　ユダヤ人ジョゼ・ヴィジーニョ。国王侍医で占星師。天文航法の実用化に貢献した。

▼**トスカネリ**(一三九七〜一四八二)　パオロ・ダル・ポッツォ・トスカネリ。フィレンツェ生まれの天地学者・数学者。

十六世紀初頭のリスボン（『ドン・アフォンソ・エンリケス年代記』〈一五〇五年頃〉挿絵）

たことである。一四八六年以降、コロンブスはカトリック両王に対して世襲の提督・副王といった政治的特権や広範な経済的利権を求めており、同様の主張がポルトガルでもなされたはずである。

もう一つの理由は同時期におこなわれたカンの航海の影響である。一四八五年十二月、ローマに派遣された遵奉使節団は、教皇インノケンティウス八世に対して、ポルトガル人はすでにアフリカの南端にいたりインド洋の入り口に達した、という認識を示した。第一回航海（一四八二〜八四年）に臨んで王家の従士であったカンは、帰還後に功績が認められ騎士とされ紋章を与えられた。航海の成果が過大に解釈され、この誤解がコロンブス案の拒否につながった、と考えられている。

一四八四年末ないし八五年初め、失意のコロンブスは隣国スペインに移ったが、ジョアン二世は西回り航海案に未練をいだいていた。スペインにおける最初の提案を退けられたコロンブスは、八八年ジョアン二世の招聘を受けてまたもリスボンに赴いた。しかし、同年末ディアスが帰還し、東回り航路の開設にめどが立った。コロンブスはスペインにもどり、その後カトリック両王と航海の協約をむすぶことになる。

十五世紀末、多くの航海者の運命が完全王治世のリスボンで交差していた。ガマのインド航海が準備され、マゼランが宮廷で養育されたのもこの時代である。

キリスト騎士修道会の十字架を身につけたヴァスコ・ダ・ガマ　作者不詳の油絵。十七世紀末〜十八世紀初頭。ガマの子孫ヴィディゲイラ伯・ニザ侯から国王カルロス一世(在位一八八九〜一九〇八)に贈呈された。現在はリスボン地理学協会蔵。ガマは一五〇七年、サンティアゴからキリスト騎士修道会へ移籍している。

④—英雄ヴァスコ・ダ・ガマの世界

ガマ家の由来

マヌエル一世は、継承順位九位でかつジョアン二世に処刑されたヴィゼウ公ディオゴの弟であるにもかかわらず後継王に指名されたという点において、そしてポルトガル王国の黄金期を現出させたことにおいても、その異名「幸運王」にふさわしい。ヴァスコ・ダ・ガマ(一四六九頃〜一五二四)のインド遠征によって開かれた喜望峰航路は、香料を大量にリスボンにもたらし王室の財政に大きく貢献した。幸運の使徒ガマはどのような来歴をもつのであろうか。

中世末のポルトガル南東部、アルト・アレンテージョ地方のカスティーリャ国境に接する地域には多くの「ガマ」たちが暮らしていた。そのなかからのちの大航海者に連なるガマ家が頭角をあらわすのは、大航海者と同名の祖父ヴァスコ・ダ・ガマの代からである。祖父ヴァスコは国境の町オリベンサ(現スペイン領)生まれで隣のエルヴァスに地盤をもっていた。

元来ガマ家はアヴィス騎士修道会とつながりが強かった。十五世紀初頭のロポ・エステヴェス・ダ・ガマは同会のエルヴァスの受領騎士であった。だが、祖父ヴァスコとテレザ・ダ・シルヴァの長男で大航海者の父となるエステヴァンは、アフォンソ五世の弟でサンティアゴ騎士修道会総長(在任一四四四〜七〇)のフェルナンドの臣下《クリアード》となり、サンティアゴ騎士修道会へ忠誠を移して騎士に叙せられた。

エステヴァンは、アルシーラ・タンジェ遠征における軍功の報償として、一四七一年十月アフォンソ五世から年金七〇〇〇レアルを受領し、翌年十月、フェルナンドの次男ディオゴの臣下として年金三〇〇〇レアルが加増された。また、七八年までにサンティアゴ騎士修道会が有する地所セルカルの受領騎士に昇格した。エステヴァンはジョアン・ソドレの娘イザベルと結婚後、同会の領地であったアレンテージョの港市シーネスに移り住んでおり、七八年五月シーネスの城代《アルカイデ・モル》となった。

イザベル・ソドレの家系は、フェルナンド一世の対カスティーリャ戦に加勢するためケンブリッジ公にともなってイングランドからイベリア半島に到来したフレデリック・サドリーに由来する。ソドレ家はキリスト騎士修道会とのつながりが強かった。ヴァスコ・ダ・ガマの叔父にあたるヴィセンテ・ソドレは、一四七五年キリスト騎士修道会総長・ヴィゼウ公・ベージャ公ディオゴ▲の配下となり、ジョアン二世によるディオゴの処刑後はそれらの位階を継承した弟マヌエルの庇護下にあった。ソドレは一四九三年頃キリスト騎士修道会の受領騎士として地所マニニョスを授かり、翌年同会領有のマデイラ島へ派遣され、フンシャルの防備営繕にあたった。マヌエル一世即位後は王家の騎士となり、一五〇一年頃にはキリスト騎士修道会の本拠トマールの城代となった。

以上のように、ガマ家とその近縁は大航海者の登場までに王家および王国内の有力な三つの騎士修道会いずれとも関係をえていた。

▼**ヴィゼウ公・ベージャ公ディオゴ**（一四六五〜八四）　ディオゴの父フェルナンドは養父エンリケの死後、ヴィゼウ公を継ぎ、キリスト騎士修道会総長（一四六一〜七〇）を兼務した。その死後、長男ジョアンがヴィゼウ公・ベージャ公とサンティアゴ騎士修道会総長を、次男ディオゴがキリスト騎士修道会総長を、また長男ジョアンの死後ヴィゼウ公・ベージャ公も継承した。

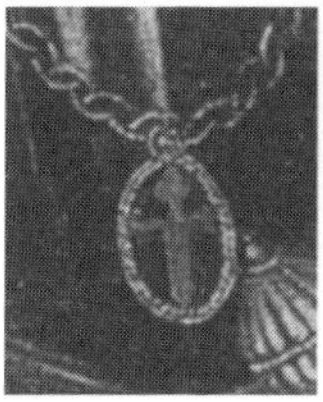

キリスト騎士修道会の徽章を身につけたヴァスコ・ダ・ガマ（一五九七年）　ゴア考古学博物館蔵。

ヴァスコ・ダ・ガマの登場

エステヴァンとイザベルは五男一女をもうけたが、その三男としてのちの大航海者ヴァスコ・ダ・ガマがシーネスで生まれた。生年は一四六九年説が有力とみられているが、六〇年説もあり、総じて前半生については不明な点が多い。エヴォラで学業をおさめた、あるいは父同様にモロッコで軍役についたという説もあるが、いずれも確証はない。ただし、騎士修道会とかかわりが深かったことは明らかである。一四八〇〜八三年のサンティアゴ騎士修道会の名簿にヴァスコ・ダ・ガマの名が記載されており、一四八八年頃、ガマはサンティアゴ騎士修道会の騎士となった。

ガマが王家の家臣として表舞台にあらわれるのは一四九二年である。ヘゼンデ▲によると、同年ギネーから金を満載して帰航中のポルトガル船をフランスの私掠船団が拿捕した。ジョアン二世は報復として、ポルトガルの港湾で停泊中のフランス船とその積荷を差し押さえよ、と家臣らに命じた。このうちセトゥーバルとアルガルヴェでの業務が「艦隊と海事に奉職の経験があり、王が信をおく王家のフィダルゴ」、ヴァスコ・ダ・ガマに委ねられ、これをガマは迅速にやりとげた、というのである。フランス王シャルル八世はただちにポルトガル船とその積荷を返還した。

これ以前の「艦隊と海事」にかかわる活動は知られていないが、サンティアゴ騎士修道会はシーネスのほかセトゥーバルやセジンブラといった良港を保有しており、ガマはその交易を海賊から防衛する仕事をすでにこなしていたのか

▼**ヘゼンデ**（一四七〇〜一五三六）
ガルシア・デ・ヘゼンデ。詩人、年代記家、キリスト騎士修道会騎士。『詩歌集成』（一五一六年）、『ドン・ジョアン二世年代記』（一五四五年）。

もしれない。

一四九七年一月、ガマは初のインド遠征隊の総司令官に任命された。その経緯について年代記類の記述は相矛盾しており詳細は不明である。バロスとゴイスは、ジョアン二世はエステヴァン・ダ・ガマを総司令官に指名していたが、エステヴァンの死去を受けて、マヌエル一世はその息子に任を与えた、という。カスタニェーダによると、指揮権はもともとヴァスコの兄パウロに提示されたが、パウロは健康の問題を理由にこれを拒み、艦隊の一隻の船長として同行することで合意に達した。コレイアは、マヌエル一世はたまたまみかけたヴァスコに声をかけ重責を与えた、という曖昧な記述を残している。一方、ヘゼンデによると、ヴァスコの指名のみならず、艦隊の艤装や指令書の準備にいたるまですべてジョアン二世のもとで完了しており、マヌエル一世は出帆を命じたにすぎないという。

世評の高いガマ伝を著したスブラフマニヤムは、いずれの記述も真実をとらえていないとみており、航海の高いリスクが懸念されたため、宮廷内においてさほど影響力のない派閥の関係者であるヴァスコ・ダ・ガマが選出されたので

▼ゴイス（一五〇二～七四）　ダミアン・デ・ゴイス。王室文書館主席管理官。エラスムスら有力な人文主義者と交流。著書に『ドン・マヌエル王年代記』（一五六六～六七年）、『リスボン誌』（一五五四年）等。

▼カスタニェーダ（一五〇〇頃～五九）　フェルナン・ロペス・デ・カスタニェーダ。歴史家。一〇年間のインド・モルッカ滞在歴があり、『ポルトガル人によるインド発見・征服史』（一五五一～六一年）を執筆。十六世紀中に四カ国語に翻訳されている。

▼コレイア（一四九二～一五六三頃）　ガスパル・コレイア。長年インド領で兵士・書記として勤務。『インド誌』は手稿で流布、初版は一八五八～六四年。バロスやカスタニェーダにない情報を含むが、信憑性は高くないとされる。

▼スブラフマニヤム　サンジャイ・スブラフマニヤム。『接続された歴史』で著名なインドの歴史家。

▼ガマ隊　新造のナウ船二隻。カラヴェラ船一隻・補給船一隻の計四隻。

あろうと推測している。

大航海の前提

ガマ隊▲の航海は質量ともに前例のないものであった。外洋航海の規模は三カ月間におよび、コロンブスの一カ月間を大きく凌いでいた。しかも天文表や航海用天測器《アストロラビオ》を用いた初期型の天文航法が運用されていた。大西洋横断で描かれた大胆な8の字型の航跡は以後の帆船時代における範例となった。

このような航海が一度で成立しえた理由は充分には解明されていないが、大西洋アフリカの踏査検分が国家事業に格上げされた一四八〇年代における組織的で周到な準備（すなわちカンとディアスの航海、コヴィリャンらの諜報活動、ユダヤ人アブラハム・ザクート▲とその弟子ジョゼ・ヴィジーニョらによる天文航法の案出）の賜物とみるべきであろう。ディアスまでの諸航海で大西洋の海洋地理はほぼ掌握され、東アフリカ沿岸の港市でアラビア海の水先案内▲さええられれば、インドへの海路は開設のめどが立っていた。

カン、ディアス、ガマはいずれも国家事業としての遠征を担った点では同じ

▼**アブラハム・ザクート**（一四五二〜一五一五頃）　スペイン・サラマンカ出身の天文学者。一四九二〜九六年、ポルトガル王に仕えた。

▼**アラビア海の水先案内《バロス》**　によると、ガマは東アフリカのマリンディでインド・グジャラート出身の水先案内人を得た。

ガマの航路（一四九七〜九九年）

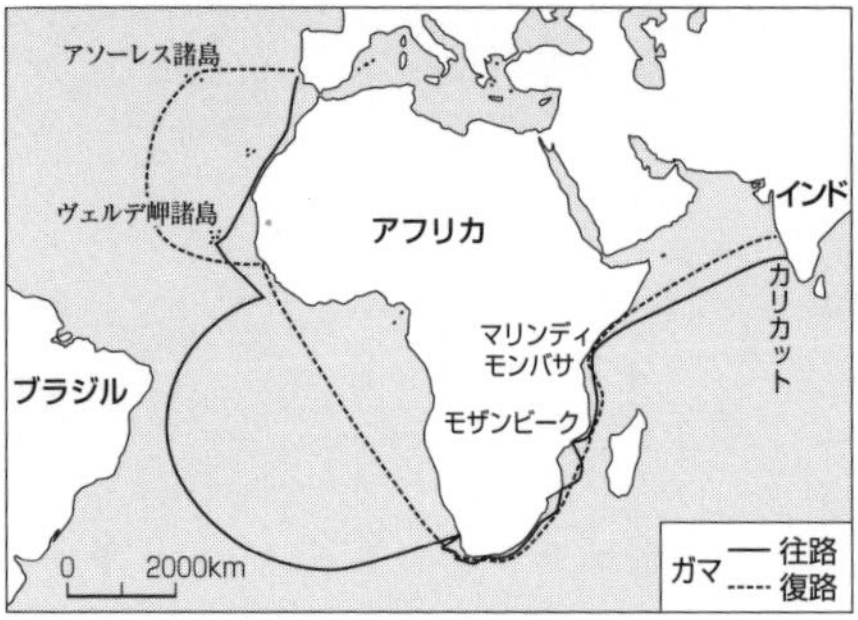

であるが、前二者とガマの遠征には性格に違いがあり、それは遠征トップの身分と役割に反映されていた。カンとディアスはもともと王家の従士の位階でいわばたたき上げの航海者として名をあげたが、ガマは下層といえども貴族の出自であった。前二者の航海は踏査検分を主たる目的としていたが、ガマはカリカット（コジコーデ）の王やプレスター・ジョンなど遠征途上で出会うであろう主権者宛の国王書簡をたずさえており、とくにカリカットで修好通商の取り決めを交わすことが主たる任務であった。つまりガマは王権を代表する外交官であった。

それゆえ、ガマがたとえ王宮内で主流派に与《くみ》しておらずとも、総司令官の任命までにすでに相当のステイタスをえていたことは注目してよい。マヌエル一世の治世に移ってまもない一四九五年十二月、ガマは、ジョアン二世の庶子でサンティアゴ騎士修道会総長であったジョルジェによって、受領騎士に昇格し、二つの地所モーゲラスとショーパリアを与えられた。父エステヴァンに比して早期の昇進によって、ガマは八万レアルの年収と威信をえたのである。

「武威」による交易

ガマは第一回インド遠征においてマラバールへ到達し、わずかながら香料と宝石をもって一四九九年九月リスボンに帰還した。マヌエル一世はカトリック両王宛の書簡でその成功を誇示し、「ムスリムに利益をもたらす取引を方向転換させ、それをキリスト教世界に結びつけられる」と胸を張った。海路によるアジア到達の競争に勝利し、大航海時代に画期をもたらしたことは確かであろう。

だが、当初の目的にてらしていうなら、十分な成果があがったとは言いがたい。ガマ隊はインド洋における最初の寄港地モザンビークでプレスター・ジョンの国、エチオピア出身の三人のキリスト教徒と出会ったが、エチオピアに関する詳細な情報は得られなかった。もっとも重大なのは、カリカットの王ザモリン《サムドリ・ラジャ》と会見し国王書簡を渡しながら、修好通商の取り決めを交わすことに失敗したことである。

その要因は、交易品の質量が不足していたこと、ザモリンをはじめとするヒンズー教徒をキリスト教徒と誤認▲し過剰な期待を抱いたこと、ムスリムへの猜

タペストリー「ヴァスコ・ダ・ガマのカリカット到着」部分（トゥールネ、十六世紀初頭、ポルトガル貯蓄銀行博物館コレクション）　二六幅のタペストリーシリーズ『ポルトガルとインドの流儀』より。

▼ヒンズー教徒をキリスト教徒と誤認　新約聖書外典『トマス行伝』によると、使徒トマスは南インドで宣教し殉死した。この伝説はプレスター・ジョン伝説に取り込まれて大航海時代まで流布された。

疑心、そして海軍力の発動を選択肢とする交易の姿勢にあった。作者不詳の『インド航海記』▲によると、ガマはザモリンへの贈り物を準備したが、仲介者らに「メッカやインド各地から来る最貧の商人でさえ、もっとましな物をもってくる」と嘲笑され、受け取りを拒否された。警戒心と交易慣習への理解不足から、ガマが艦隊を港のなかに入れず沖合に停泊させたこともカリカット側に疑念を生じさせた。

すでにモザンビーク、モンバサへの寄港の頃からガマ隊は「海賊」としての悪評▲を被っていた。交渉や交易がうまくいかないとみると、ムスリム商人による妨害を疑い、砲撃・拉致を繰り返したからである。これはカリカットにおいても同様であった。ガマが敵として強く意識したのは、中東から紅海を経て交易の要地に進出していた「メッカのモーロ」商人であった。

ガマは二度目のインド遠征（一五〇二～〇三年）において、マラバール海岸沖でメッカからカリカットにもどる途中の大型巡礼船を捕獲し、財宝を奪ったうえで数百人の巡礼者と商人を虐殺した。ガマがザモリンに送った書簡によると、これはカブラルが率いた第二回インド遠征の隊員五四人がカリカットで殺害さ

▼作者不詳の『インド航海記』　十六世紀の写本『喜望峰経由によるインドの発見のためドン・ヴァスコ・ダ・ガマが一四九七年になした航海の記録』（ポルト市立図書館蔵）。筆者として兵士アルヴァロ・ヴェーリョや書記ジョアン・デ・サの名があげられている。

▼「海賊」としての悪評　ガマの偉業を讃えるルイス・デ・カモンエスの叙事詩『ウズ・ルジアダス』（一五七二年）によると、マリンディ王に対してガマ使節は「われらは海賊ではない」と弁明した。

れた事件(一五〇〇年十二月)への報復▲であった。

ガマの叔父でこの遠征隊においてガマにつぐ地位を与えられたヴィセンテ・ソドレはガマ艦隊二〇隻のうち五隻の指揮を委ねられ、コチン▲やカナノールに開設されたポルトガル商館を守りカリカットを牽制する任務についた。初のインド洋駐留艦隊であったが、ソドレはまもなくこの任務から離脱し、紅海の入り口、アデン湾付近に出向いて略奪行為を繰り返した▲。背任あるいは腐敗と評されることもあるが、これはマヌエル一世の指示に従ったものであった。カンティーノ▲の書簡(一五〇一年一月)によると、「紅海の入り口を封鎖しスルタンの船がメッカからカリカットへ香料を積載するために往くのを妨げる」ことが遠征の目的の一つであった。

喜望峰航路の確保にとどまらず、「モーロ」が支配的なインド西岸と紅海をつなぐ交易・巡礼路を遮断しようという「武威《ぶい》」に傾斜した、そして経済以外の動機を含む方針は、ガマの二度目の遠征までに実施され、他者と肩を並べる通常の交易への路は断たれた。

▼報復　すでにカブラルは復讐のためカリカット港で一〇隻以上の船を焼き払い、カリカット市街を砲撃していた。

▼コチン　カブラルはカリカットを離れた後、カリカットと敵対するコチンをおとずれ、友好関係を築いた。ガマは二度目のインド遠征でコチンに商館を開設。以来、コチンはポルトガル人にとって香料貿易の重要拠点となる。

▼略奪行為を繰り返した　ソドレ隊のエスメラルダ号はオマーン沖で沈没し、ヴィセンテとその弟ブラス・ソドレは死去した。一九九八年エスメラルダ号は発見され、金貨、天測器など約二八〇〇点の遺物が回収された。

▼カンティーノ　フェラーラ公エルコレ・デステがリスボンに送った間諜アルベルト・カンティーノ。有名な「カンティーノ図」(一五〇二年)は、彼が何者かに作成させリスボンから持ち出した。

ジェロニモス修道院（リスボン・ベレン地区、一五〇一年頃着工）　十九世紀末以降ガマの棺が安置されている。

異例の出世

インドへの最初の航海から帰還後、ガマは郷里シーネスの領有が約束されたばかりか、王族・大貴族に許されるドンの称号や三〇万レアルの世襲年金など、英雄としてさまざまな恩賜を与えられた。四〇〇〇ドゥカート▲の収入をえたうえに、無税で二〇〇ドゥカートを香料貿易に投資する権利も与えられた。また、有力なアタイデ家のカタリナと結婚したことで、アルメイダ家等の縁者となり、国王顧問官としての地位をえた。「インド洋提督▲」位の授与も重要である。これはカトリック両王がコロンブスに与えた「大洋の提督」の称号に対置されたもので、海洋の分界が含意されていた。

だが、期待した爵位をなかなかものにできず、ガマは一計を講じた。マゼランと同じ道をたどる、つまりスペイン王へ忠誠を移すという選択肢をマヌエル一世に示唆したのである。マゼラン隊のセビーリャ出帆から三カ月後の一五一九年十二月、マヌエル一世はガマにヴィディゲイラ伯爵位を与え、一八人目の高位貴族となした。大航海時代のポルトガルで下層貴族が一代でここまでのぼりつめた事例はほかにない。このような恫喝《どうかつ》ともいえる手法がまかり通ったの

▼**ドゥカート**　一ドゥカート＝四〇〇レアル。

▼「**インド洋提督**」　バロスによると、「アラビア・ペルシア・インドおよび全東洋の海洋の提督」。本国の提督と対等とされた。

は、忠誠替えのハードルが高くなかったことを示している。

この間ガマは郷里シーネスの領有をめぐってサンティアゴ騎士修道会と軋轢をきたしたため、一五〇七年シーネスを追われ、エヴォラへ移った。シーネスは、同会と王宮において重きをなすノローニャ家のドン・ルイスの掌中にあり、彼は約二〇万レアルの歳入を生むこの土地を手放す気がなかった。ガマはサンティアゴ騎士修道会の二つの地所をあきらめて、マヌエル一世の覚えめでたいキリスト騎士修道会に移籍した。キリスト騎士修道会でガマは騎士にすぎず、受領騎士となった記録はない。

マヌエル一世の死後、後継ジョアン三世の懇請を受けて、一五二四年四月、老齢のガマは「副王」として最後のインド航海に出た。受諾の条件はすべての息子にマラッカ長官職を与えること、次男エステヴァンを「インド洋提督」につぐ地位「インド洋艦隊総司令」につけること、そして死後遅滞なく長子フランシスコが爵位と資産を継承することであった。ガマは同年九月、ゴアに到着した。その任務は、総督ドゥアルテ・デ・メネゼスとその一派を排除し、インド領の諸改革によって王室の歳入を増進させることにあった。しかし、まもな

▼サンティアゴ騎士修道会　当時のサンティアゴ騎士修道会総長はジョアン二世の庶子、コインブラ公ジョルジェで、彼はアヴィス騎士修道会の総長を兼務していた。

▼ドゥアルテ・デ・メネゼス　セウタ長官などで功績を積んだメネゼス家出身。ホルムズで私的資産の形成に没頭していると批判された。

くガマは病をえて同年十二月コチンで没した。

飛躍する修道騎士たち

ガマに続く海外進出の担い手たちのなかにも、騎士修道会員は多かった。カブラルが率いた第二回インド遠征隊では、一三人の船長のうち五人が、ガマの第四回インド遠征隊（一五〇二〜〇三年）では、二一人の船長のうち一二人が騎士修道会員であった。マヌエル一世の治世をつうじて、計九七人の騎士修道会員がアジアで活躍しており、インド遠征隊では、騎士修道会員が船長職の二五％を占めていた。

ポルトガル領インド《エスタード・ダ・インディア》▲における高級幹部職を有した会員も少なくなかった。マヌエルの治世、インド艦隊の総司令ないし船長であった騎士修道会員は五三人確認されており、そのうちインド赴任前から騎士修道会員であった者は三五人である。この三五人のうち八人が副王・総督となった。これにインド艦隊総司令四人とゴア・ホルムズなどの商館・要塞長官六人を加えると一八人となり、約半数が高級幹部職に相当する。インド領へ赴任後に騎士修道会員となった一

▼**ポルトガル領インド**　一五〇五年以降、喜望峰以東のアフリカ・アジア沿岸に設立されたポルトガルの商館・要塞をつなぐ交易拠点帝国の行政機構。当初コチン、その後ゴアに本拠をおいた。

ポルトガル領インドのおもな騎士修道会員とその役職・在任期間

サンティアゴ騎士修道会	フランシスコ・デ・アルメイダ	副王	1505-09
	ドゥアルテ・デ・メネゼス	総督	1522-24
キリスト騎士修道会	アフォンソ・デ・アルブケルケ	総督	1509-15
	ディオゴ・ロペス・デ・セケイラ	総督	1518-22
	エンリケ・デ・メネゼス	総督	1524-26
	ジョルジェ・デ・ブリト	マラッカ長官	1516-17
	ペドロ・デ・マスカレーニャス	マラッカ長官	1525-26
	アントニオ・デ・サルダーニャ	ソファラ・モザンビーク長官	1509-12
	フェルナン・ピレス・デ・アンドラーデ	明遠征隊総司令	1517-23
	ルイス・デ・メネゼス	インド洋艦隊総司令	1524
	マヌエル・デ・ラセルダ	ゴア長官	1511-12

八人については、商館・要塞長官が三人を数えるのみで、総督・総司令はみられない。つまり、赴任前から騎士修道会員であることはインド領における出世の条件の一つであった。

とくに国王を総長にいただくキリスト騎士修道会の優位は明らかであった。一五一四〜一七年、教皇庁は同会地所の新設を次々と認可した。マヌエルの治世末までに同会は三大騎士修道会のなかで最富裕、騎士・受領騎士数で最多、権威において最上となる。それゆえガマ同様に移籍もめずらしくなかった。副王アルメイダと総督メネゼスはインド赴任前にサンティアゴ騎士修道会からキリスト騎士修道会へ移った。

親王総長らのもとで強力な中間権力となりながら必ずしも海上拡大に寄与していなかった騎士修道会は、マヌエル一世のもとで、海上拡大の前線に押し出された。キリスト騎士修道会に属する総督アルブケルケによって、ゴア(一五一〇年)・マラッカ(一五一一年)・ホルムズ(一五一五年)などインド洋沿岸の交易・戦略上の要衝が掌握され、そこで造営された商館＝要塞を海軍＝海運力でつなぐ点と線の帝国が急成長した。

だが、一見して不可解なのは、かぎられた資源をインド洋方面に集中すべきまさにこの時期に、先々代アフォンソ五世のモロッコ軍拡路線が復活していることである。

二兎を追うマヌエル一世

マヌエル一世はモロッコ南部で宗主権下の諸港市をあえて直接支配下においた。すなわち一四九八年サフィを実効支配し、一五〇八年にこれを征服した。さらに一五一三年、四〇〇隻以上の艦隊で騎士二〇〇〇人と歩兵一万三〇〇〇人の軍隊を派遣し、アザモールを征服した。アザモール遠征の指揮は、マヌエルによって大赦を与えられ地位と資産を回復した第四代ブラガンサ公ジャイメ▲が執った。

アザモールはモルベイラ川の河口から二キロほど遡った南岸に位置し八〇の塔を擁する城壁で守られていたが、砂州で遡航に難点があった。そこで翌年アザモールに良港を提供する目的で、近接するマザガンに要塞が建設された。こうしてポルトガルはわずか一〇年間でモロッコ南部において、二つの有力港市

フレスコ画『上陸』部分（ヴィラ・ヴィソーザのブラガンサ公宮壁画、十六世紀末）　ブラガンサ公ジャイメの部隊がアザモールに上陸した場面。

を征服し、さらに三つの要塞(サンタ・クルス・ド・カボ・デ・ゲ、カステロ・レアル・デ・モガドール、マザガン)を構えたのである。

アザモール遠征はマヌエル一世によってふたたび強化された軍拡路線のピークに相当し、その成功はアシラー・タンジェ攻略を凌ぐ高い評価を内外からえた。マヌエル一世は教皇レオ十世宛書簡で、全モロッコの征服が間近である、と吹聴した。フェズ王国側は危機感を強めた。

急速な軍事的拡大は反発を生み、貿易関係をそこなうおそれがあるばかりか、財政に大きな負荷をかける。合理的なジョアン二世の対外政策はなぜ再転換されたのであろうか。

歴史家トマス▲によると、マヌエル一世とその寵臣ドゥアルテ・ガルヴァン▲らが十字軍精神あるいは千年王国の到来を信ずるメシア信仰に取りつかれ、メッカ・カイロを落としてイェルサレムを開放し皇帝としてキリスト教世界に君臨しようと考えていた。つまり、モロッコ経由で北アフリカを東進し、同時にエチオピア王国の支援をえて紅海から北上して中東の要所を攻略しようということである。

▼ブラガンサ公ジャイメ(一四七九〜一五三二)　四歳の時、父フェルナンドがジョアン二世に処刑されカスティーリャへ逃亡、一四九六年に帰国、メディナ・シドニア公の娘レオノール・デ・メンドーサと結婚したが、一五一二年不貞のとがで彼女を殺害した。ブラガンサ公は十字軍的遠征によって妻殺しの汚名をそそぐ必要があり、四〇〇〇人をこえる自前の兵士を率いた。

▼トマス　ルイス・フィリペ・トマス。ポルトガル海上拡大の代表的史家。

▼ドゥアルテ・ガルヴァン　マヌエル一世の指示で『ドン・アフォンソ・エンリケス年代記』(一五〇五年頃)を執筆。古写本はリスボン国立図書館所蔵。初代王の栄光を高めて神話化し、そのレコンキスタの延長上にマヌエル一世の海上拡大計画を位置づけた。エチオピアへの使節団長として出張中に死去。

トマス説は大航海時代の宗教的心性のありかを示すものとして傾聴に値するが、ここではさらに考慮すべき内外の事情として二点あげておく。一つはアヴィス朝開設以来の課題である貴族層の取り込み、もう一つはいっそう大きくなる隣国の影である。前者に関しては、あるヴェネツィア人の報告がヒントを与えてくれる。

「愛と無償で王に仕える六〇〇人の騎士」

ガマによる喜望峰航路の開設でレヴァント貿易▲の行く末に危機感をいだいたヴェネツィアは、一五〇四年十月、リスボンに間諜レオナルド・ダ・カマセル▲を送り込んだ。二年後、カマセルはガマ以降の九回のインド遠征隊と香料貿易およびポルトガルの政治経済的状況についてゆきとどいた報告を本国に送った。

カマセルによると、ポルトガルの帝国、すなわちギネー・大西洋諸島・インド・ブラジルからの王室の収入は国内の収入を上回り、歳入全体の約六割に達している。だが、それでも「帝国は損失を出している。王室にとって、インド航路の資源は軍事計画のためのものであって、その逆ではない。王の富を流出

マヌエル一世　マクシミアノ・アルヴェス『幸運王』(一九三三年)。リスボンのサンジョルジェ城。

▼レヴァント貿易　ヨーロッパとレヴァント(東地中海沿岸地方)をつなぐ貿易。ヨーロッパ産毛織物・銀などとアジアの香料・絹などが交換された。

▼レオナルド・ダ・カマセル(?〜一五三二)　事前にフィレンツェ人らからの情報提供があり、リスボン着後まもなく逮捕された。数カ月間ポルトガル当局に拘束・尋問されながらも口を割らず、情報収集と分析を遂行した。

させているのは、アフリカ〔モロッコ〕の諸拠点である。それらの土地から王は収益をえていないが、それらをモーロ人から守るために引き続き支出を負っている」。

なぜこのような状況に陥ったのか。その理由としてあげられているのは、王と貴族の関係性である。

王室の歳入は貴族層全体の総収入三五万ドゥカートに匹敵する。国王は貴族らの気前のよいパトロンである。手当類は四万四〇〇〇ドゥカートで、発見されたインディアスの利益を上回る。貴族らは金欠で、国王の収入に寄生しており、戦争だけを本来の仕事と考えている。国王は好戦的貴族の無償の軍務であがなわれている。王国とアフリカの諸拠点の防衛はそれに拠っているのだ。一一の伯爵・侯爵位▲のうち少なくとも五つは北アフリカの戦役で取得された。北アフリカで貴族らがただ働きするのは、年金を期待してのことだ。アフリカの諸拠点は、愛と無償で王に仕える六〇〇人の騎士によって支えられており、彼らは略奪物以外何もえるところないまま、二～三年をそこで過ごす。

▼伯爵・侯爵位　元来ポルトガルでは伯爵位のみが設けられていたが、アヴィス朝のもと、公侯の爵位が導入され、王族・大貴族に授与された。

創設された爵位数

ジョアン1世	6 (7)
ドゥアルテ1世	0 (7)
アフォンソ5世	16 (17)
ジョアン2世	1 (13)
マヌエル1世	8 (19)
ジョアン3世	5 (17)
セバスティアン1世	1 (17)
計	37

(　) 内は治世末の数

王室の歳入額(単位：クルザード)

	1506年	1518-19年
本国	173000	245000
リスボンの関税	24000	40000
ミナの金	120000	120000
ギネーの奴隷・マラゲタペッパー	11000	*
マデイラ諸島の砂糖	27000	50000
アソーレス諸島	2500	17500
ヴェルデ岬諸島	3000	*
ブラジル木	5000	*
アジアの香料	135000	300000
帝国計(「本国＋リスボンの関税」をのぞく)	303500	487500
総計	500500	772500

〔出典〕Godinho,Ensaios,II,1968,49. より作成。

カマセルの記述は帝国の本質をよくとらえている。だが、マヌエル治世、貴族への対応が階層によって異なっていたことも重要である。近年の財政史・軍事社会史研究によって補足しておく。

一四七三〜一五二七年、歳入は三七〇%増大した。これは年率で六・八%の成長で、この間のインフレ率(小麦〇・三、ワイン一・八)を大きく凌ぐ数値である。この間、帝国にかかる軍事費は増大しているとはいえ、歳出全体の約一〇〜一二%で安定的に推移している。歳出に占める割合で突出していたのは、アフォンソ五世時代と同様に、「再分配的」経費である。王族・大貴族への援助金、王家の廷臣が受給する廷臣手当、中小貴族などに付与される年金などからなる下賜金は、一四七三〜一五二七年の歳出の六二〜七四%を占めていた。

ただし、アフォンソ五世時代との違いで注目すべきは、下賜金全体のなかで王族や大貴族への援助金の占める比率が下落し、王家の廷臣や中小貴族に与えられる下賜金(年金と廷臣手当)の比率が高められことである。年金・廷臣手当の比率は、一四七三年の一八%・一一%から、一五一一年の三四%・一六%へはねあがった。

マヌエル一世はブラガンサ公を復権させモロッコ軍拡を再開させたことから、ジョアン二世の政策転換を否定し寛大王の施策にもどったようにみえるが、中央集権の方針は保持しており、廷臣や中小貴族に手当を傾斜配分することで豊富な手駒を有し、それらを自在に帝国の要所に配置することができた。

一四九七〜一五二一年、インド艦隊の船長のうち六〇％は王家の受給廷臣《モラドール》であり、アザモール攻略後に同市の守備隊員となった一八〇〇人のうち八〇〇人は廷臣であった。王室は兵站《へいたん》・火器・造船の経費は負担したが、廷臣に装備を自弁させ、事後報酬で安価に遠征隊を用意できた。他方、廷臣は廷臣手当によって奉職貴族としての地位を保証された。

廷臣の「愛」あるいは忠誠心を担保したのは事後報酬や地位の保全だけではない。「事前養育」も刷り込み効果があったはずである。地方貴族の子弟は七歳頃から小姓として王家あるいは王妃家に仕え、王族の子弟とともに宮廷で文武にわたって養育された。小姓はやがて従士となり、戦場で武勲をあげると騎士とされた。帝国任地における騎士叙任は十六世紀に激増した。マヌエル治世に発せられた四九五通の騎士認許状のうちインドで叙任された者は八二人、モ

マヌエル一世期（一四九五〜一五二一）**にモロッコ諸要塞で叙任された騎士数**

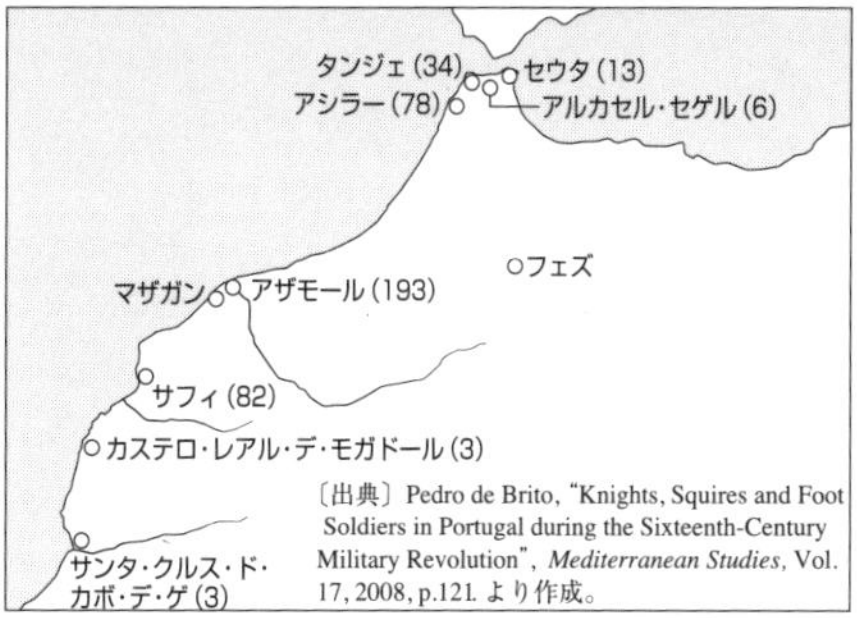

〔出典〕Pedro de Brito, "Knights, Squires and Foot Soldiers in Portugal during the Sixteenth-Century Military Revolution", *Mediterranean Studies*, Vol. 17, 2008, p.121. より作成。

ロッコは四一三人で、なかでもアザモールの一九三人が群を抜いていた。

帝国の騎士たちは、軍役で奉職中に加算される廷臣手当とのちに支給される年金を楽しみに、その間は略奪遠征や私的貿易で糊口をしのいだ。初期に比して、略奪遠征の規模は拡大していた。一五一一年、サフィ長官アタイデは後背地へ攻勢をかけ、捕虜五六七人・牛一〇〇〇頭・羊と山羊五〇〇〇頭・ラクダと馬三〇〇頭を奪って帰還した。

騎士修道会員もマヌエル一世の手駒として二兎を追わされた。マヌエル治世のインド艦隊の総司令・船長二一二人のうち、モロッコ軍役の経験者は二〇人であり、このうち一七人はインド赴任の前にモロッコで奉職した。さらにそのうち一三人が騎士修道会員であった。騎士修道会員としてモロッコ、ついでインドに向かうことがもう一つの昇進の条件となっていた。マヌエル一世は飴を与えることも忘れていなかった。一五〇三年、キリスト騎士修道会の騎士をモロッコへ駐留させるため、三〇の年金《テンサ》と地所《コメンダ》の創設を命じていたのである。

以上はいわば内部事情であるが、マヌエル一世がかかえたもう一つの問題は隣国の動きであった。

マヌエル一世期の海外長官職の地域別占有率

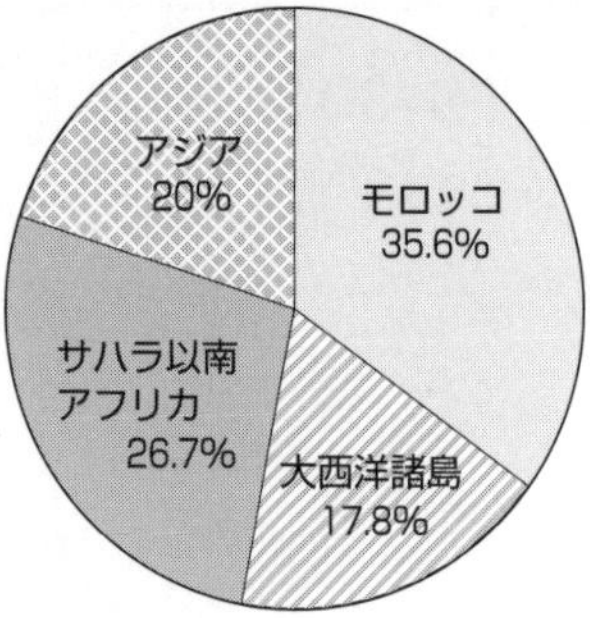

〔出典〕I. Elbl, "The Overseas Expansion, Nobility and Social Mobility in the Age of Vasco da Gama", *Portuguese Studies Review*, 6, 1997-98, fig.3. より作成。

スペインのマグリブ進出

かりにマヌエル一世がモロッコ経由で北アフリカを東進し中東にいたるというプランを本気で実行したならば、新ゴート主義をいただきマグリブへの征服予定権を有すると信ずるカトリック両王の逆鱗にふれたであろう。アルカソヴァス条約でポルトガルはフェズ王国の征服権をえていたが、トルデシーリャス条約締結時点で、カトリック両王はカサーサとメリーリャを含むフェズ王国東部の支配権を主張しており、グラナダとカナリア諸島の征服がはたされると、マグリブ進出への機運が高まった。

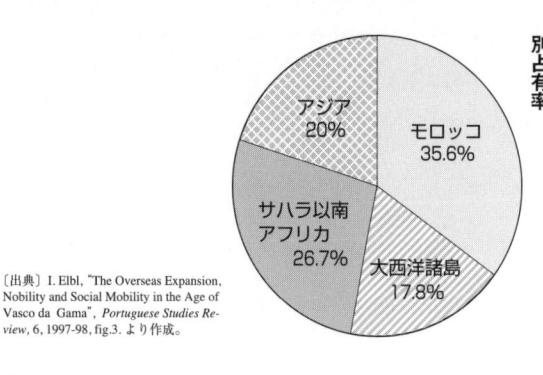

グラナダの防衛担当官サフラはカトリック両王宛の書簡(一四九三年四月〜九四年二月)において、「北アフリカへのレコンキスタ継続」こそがグラナダ沿岸防備の最善策であり、金貿易へのみちも開かれよう、と説き、一四九四年教皇アレクサンデル六世は臨時税《クルサーダ》の継続で「アフリカ十字軍」を鼓舞した。

一四九七年、メディナ・シドニア公によるメリーリャ獲得を皮切りに、シスネロス枢機卿の下でメルス・エル・ケビール(一五〇五年)、摂政フェルナンドのもとでペニョン・デ・ベレス・デ・ラ・ゴメラ(〇八年)、オラン(〇九年)、

●ポルトガルとスペインの北アフリカ進出（一四一五〜一五一〇年）

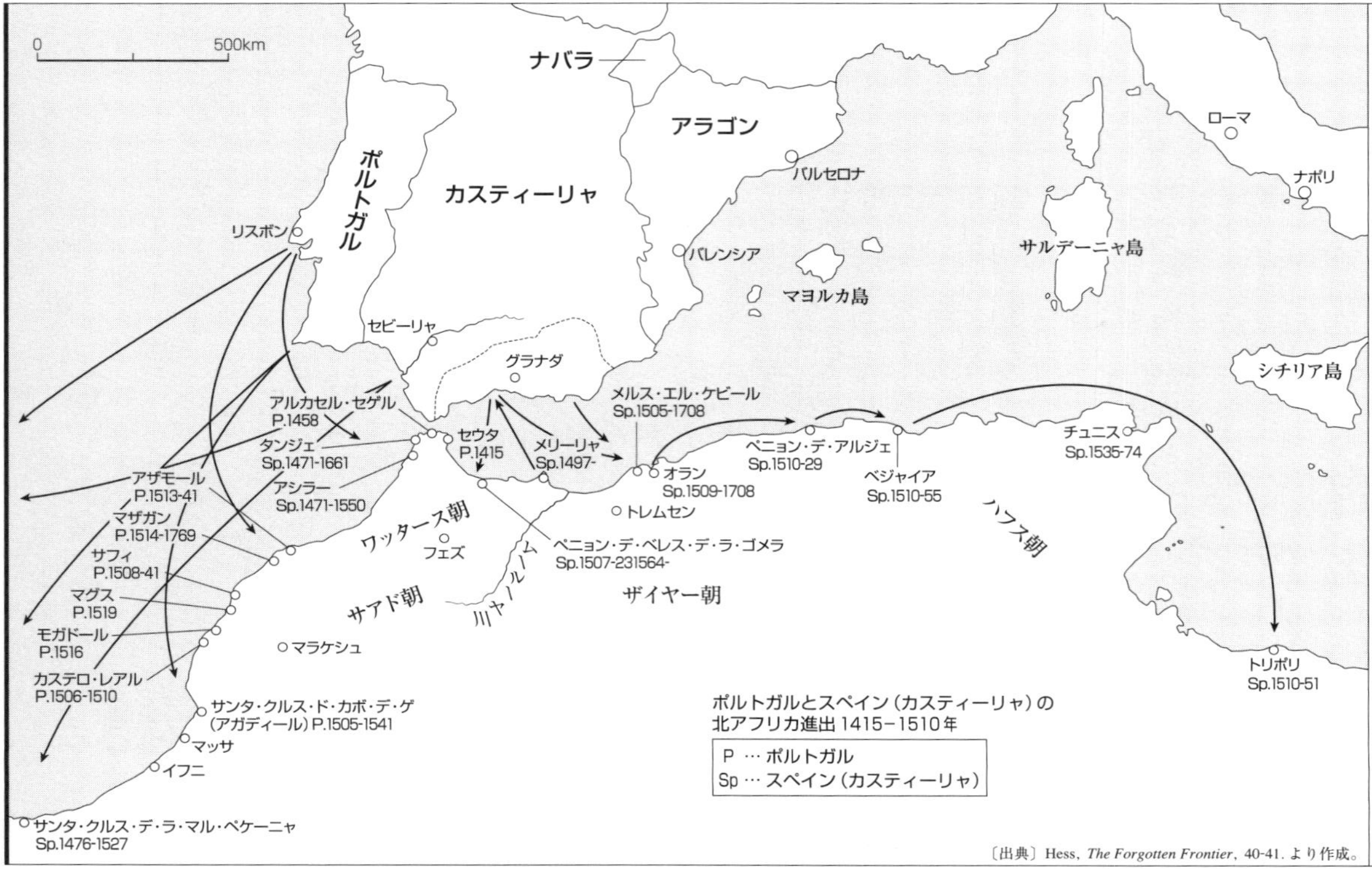

〔出典〕Hess, *The Forgotten Frontier*, 40-41. より作成。

ベジャイア、ペニョン・デ・アルジェ、トリポリ(一〇年)などの諸港市・拠点がスペインによって占拠されるか、あるいはその宗主権下におかれた。

モロッコ南部にもスペインの利権がおよびつつあった。フェズ王国の南限はマッサ近郊にあるとみなされていたが、一四七七〜七八年、カナリア諸島の領主エレーラによって、マッサの南に要塞がつくられた。一四九九年三月、イフニなどがスペインの宗主権下にはいり、一五〇四年、カナリア諸島の総督ルゴはアガディールを制圧した。

以上のように、十五世紀末〜十六世紀初頭、モロッコにおけるポルトガルの諸拠点は、東と南からスペインによって挟撃されるおそれがあった。マヌエル一世は、一四九七年、マッサを宗主権下におき、一五〇四〜〇五年、アガディールからカスティーリャ人を排除した。一五〇九年のシントラ条約で両国はペニョン・デ・ベレス・デ・ラ・ゴメラを境にモロッコへの征服権を分け合ったが、マヌエル一世はスペインへの配慮からセウタから東への侵略を抑制した。

海上拡大へ寄与する「愛」の騎士、そして大国への意識……大航海者マゼランの運命をそのような背景のもとで考えてみたい。

サンティアゴ騎士修道会の徽章を身につけたマゼラン（十七世紀の原画からの模写）　マドリード海事博物館蔵。

▼ルイ・ファレイロ　内陸国境に近いコヴィリャン出身。ユダヤ人説がある。羅針盤の「偏角」から船位の経度を割り出す方法を案出。マゼランとともに遠征の共同総司令とされたが、出帆の直前に排除された。

⑤—マゼランの挑戦

北の奉職貴族

ガマの家系は騎士修道会に庇護され、ガマ自身も国家による組織的な事業のうえにすえられた存在であった。それゆえ歯車の一つとして官僚的性格が垣間みえる。他方、北部出身のマゼラン（マガリャンイス、一四八〇頃〜一五二一）とその家系には騎士修道会とのつながりが見出せない。マゼランは忠誠替えというリスクを冒し、パートナーの学者ルイ・ファレイロ▲とともに、フランドルから着任したばかりでカスティーリャ語を解さないカルロス一世に航海計画を提示した。その点で極めて能動的で野心的にみえるが、その背後に目をこらすと、複数のリクルートと支援の強力な人脈が働いていたことがわかる。

マゼランの前半生はガマ以上に不明な点が多い。下級貴族である父ルイ（ロドリゴ）と母アルダ・デ・メスキータの間に生まれたというのが通説であるが、一四八〇年頃とされる出生年に確たる証拠はない。

出生地については、ポルトガル北部リマ川を遡った内陸部のポンテ・ダ・バルカ(古名はノブレガ)あるいはポルトガル第二の都市ポルトのいずれかが有力とみられていたが、近年セビーリャの文書館で確認された二通の公証人文書によってポルト説が強まっている。同文書によると、大航海の出帆が間近に迫った一五一九年三月~六月、マゼランはドウロ川をはさんでポルト市街の対岸にあるガイア地区の所有地および借地の権利を妹のイザベルに譲渡した。その権利は父ルイから受け継いだもので、ルイ、アルダ、イザベルはいずれもポルトの住民として言及されている。

おそらくポンテ・ダ・バルカには家門の伝統的な領地があったが、ルイはポルトに新たな地盤を求めたのであろう。ルイはファロ伯アフォンソ・デ・ブラガンサの家臣で、一四七二~八八年にポルトでいくつかの役職を務め、八六年にアヴェイロの城代であった。アフォンソは八三年亡命先のセビーリャで死去したが、その妻でオデミラ伯のマリア・デ・ノローニャはアヴェイロの領主であった。

アルヘンソーラによると、マゼランは「王妃ドニャ・レオノールのもとで[小姓として]奉職しながら養育を受け、のちに国王ドン・マヌエルに仕えた」

▼**アフォンソ・デ・ブラガンサ**(一四三五頃~八三)　第二代ブラガンサ公フェルナンドの三男。

▼**アルヘンソーラ**(一五六二~一六三一)　バルトロメ・レオナルド・デ・アルヘンソーラ。アラゴンの主席年代記官。引用は『モルッカ諸島征服誌』(一六〇九年)より。

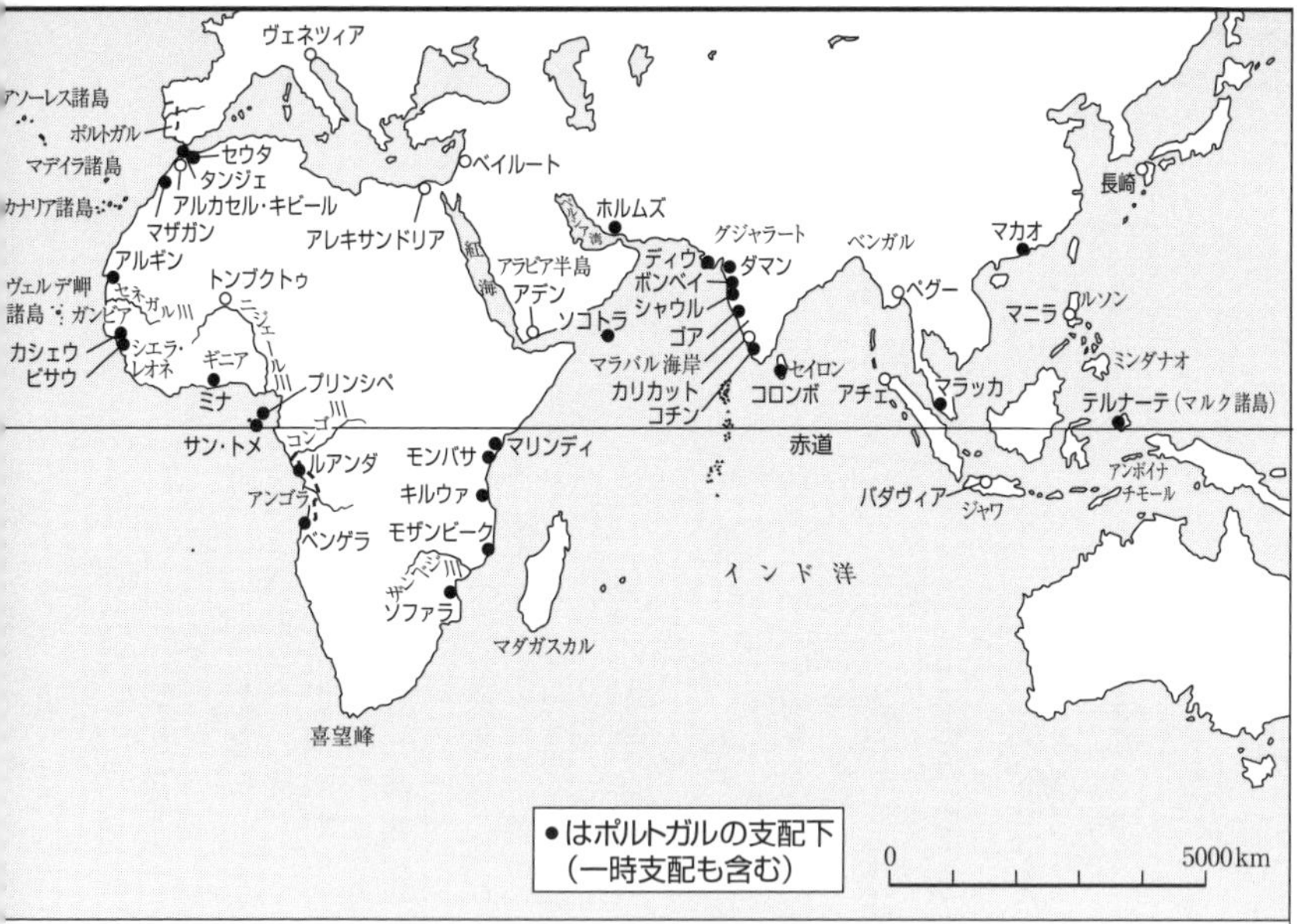

●—ポルトガルの海洋帝国の拠点

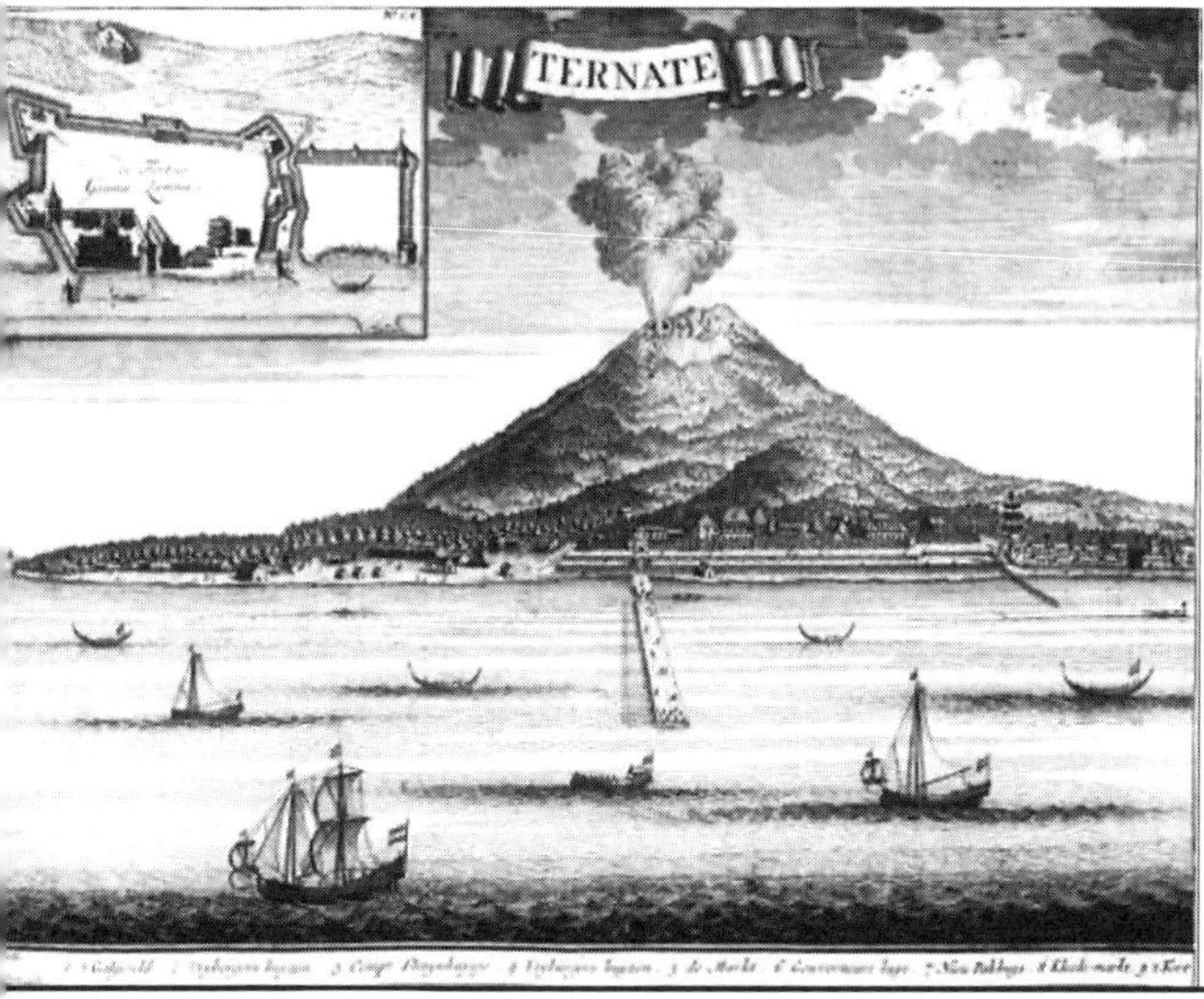

●—モルッカ諸島のテルナーテ島眺望とガマラマ要塞図（その一角に元のポルトガル砦）　フランソワ・ファレンティン『新旧東インド誌』（アムステルダム、一六二四〜二六年）より。

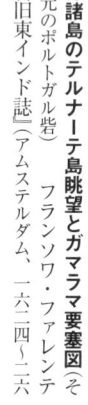

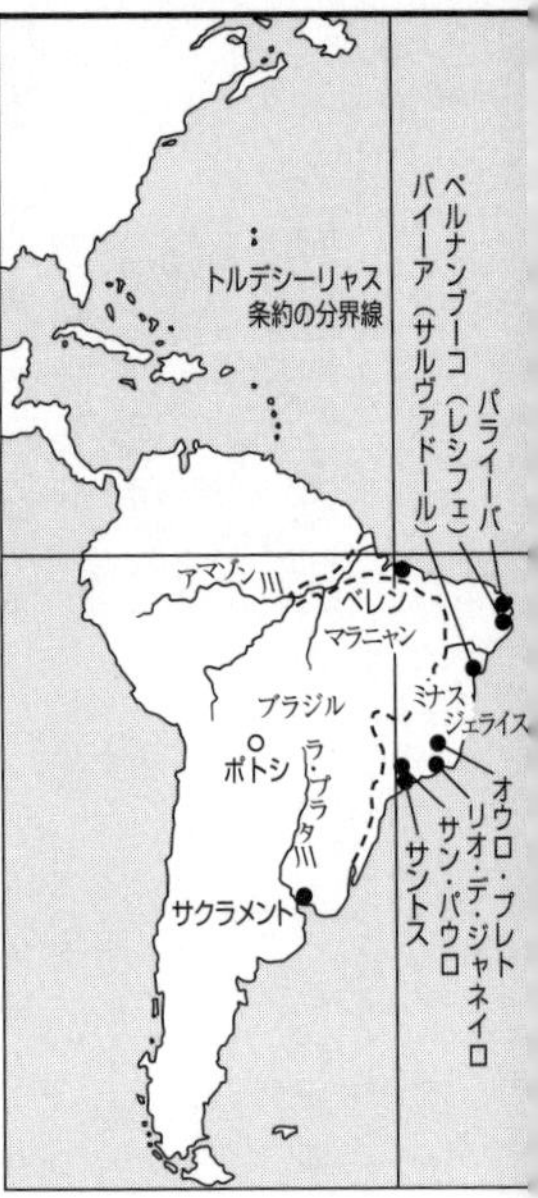

●―マゼランとその後続隊の航跡

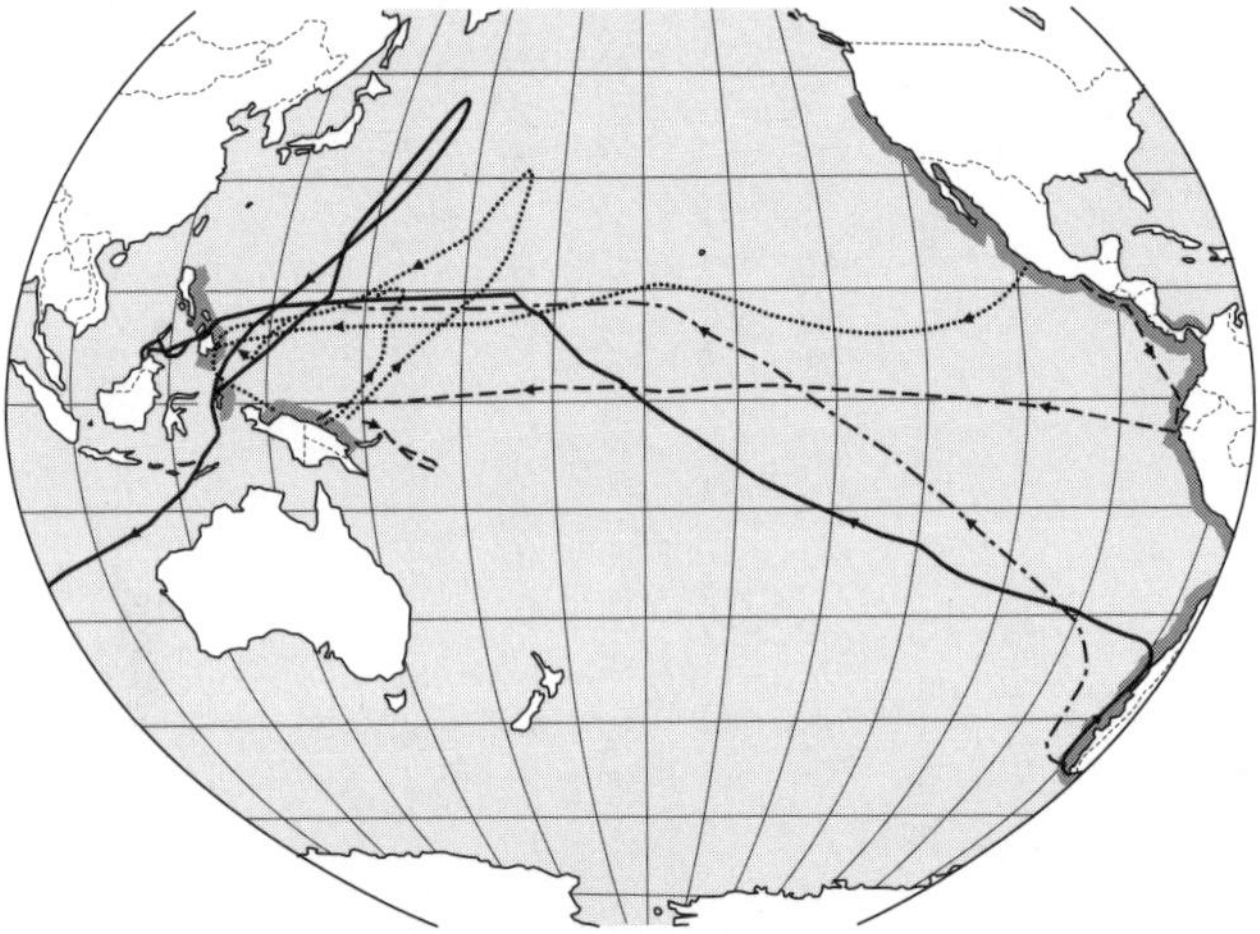

〔出典〕Friis, ed, *The Pacific Basin,* 116-117. より作成。

—— マゼラン＝デル・カノ, 1520-22年
-·-·- ロアイサ, 1526年
········ サーベドラ, 1527-29年
- - - - グリハルバ, 1536-37年
▬ ドレイクの航路（1578年）までにスペインの遠征隊が調査した沿岸

▼マゼランの奉公先　ただし、王妃レオノールの宮廷に関する近年の詳細な研究において、マゼランの名は見出されていない。マゼランの奉公先として、第三代メディナ・シドニア公の娘で、アザモール遠征を率いたブラガンサ公ジャイメの「不運な」妻レオノール・デ・メンドーサをあげる研究者もいる（八五頁上段解説参照）。

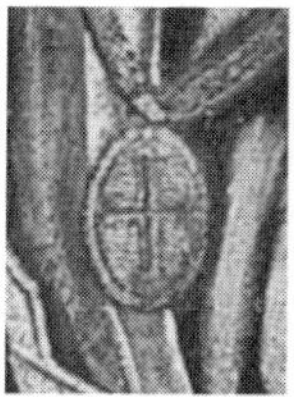

サンティアゴ騎士修道会の徽章を身につけたフランシスコ・デ・アルメイダ（十七世紀）　ゴア考古学博物館蔵。

という。レオノールとはヴィゼウ公マヌエル（のちのマヌエル一世）の姉でジョアン二世の王妃であったレオノール・デ・ヴィゼウである。王妃のもとからマヌエル一世の庇護下に移った時期と経緯は不明である。▲

インド洋の戦い

一五〇五年三月、インド領の初代副王アルメイダが率いる二二隻の艦隊に一〇七人の下層貴族が乗り組んだ。「王家の受給廷臣」マゼランとその弟ディオゴ・デ・ソウザは定員外として月給一〇〇〇レアルで登録された。同年十月、アルメイダ隊はインドのカナノールに到着した。

この頃東南アジア各地を遍歴していたイタリア人ルドヴィコ・ディ・ヴァルテマがアルメイダに接触し、一年あまりカナノールの商館で雇用された。彼はマゼランと接点があったのであろう。のちにスペイン王との接見でマゼランはヴァルテマの報告を提示する。

一五〇六年十二月、アルメイダはペレイラ指揮の小艦隊を東アフリカへ送った。マゼランが一隻の船長《カピタン》として参画した同隊はソファラ、キルワ、マリンディにおける拠点づくりに寄与した。これにはザンベジ川上流のモノモタパ王国との金貿易へのアクセスを確保するねらいがあった。

一五〇九年二月、マゼランはインドのディウ沖海戦▲に参加し、同年八月、セケイラ指揮のマラッカ遠征隊に加わった。セケイラはマラッカ王国との交渉中に謀略を察知し危うく逃れた。カスタニェーダの年代記によると、その撤退にマゼランが貢献した。

一五一〇年初め、マゼランはコチンから帰国の途につくが、まもなくその船隊が座礁した。船長らはボートで先に避難したが、バロスによると、マゼランは現場にとどまって救援を待ち、乗員らから敬意をえた。エレーラ▲によると、翌年八月総督アルブケルケによるマラッカ攻略で、マゼランは軍人として高い評価をえた。

世界を鳥瞰する眼

のちにマゼランは「変節」してスペイン王のもとに移り、アジア遠征隊の総司令として太平洋横断の大航海をなすが、その動機のありかに関して年代記類

▼**ディウ沖海戦**　ポルトガル艦隊がグジャラート・カリカット・マムルーク連合艦隊を破り、アラビア海の覇権を掌握した戦いとして有名。

▼**エレーラ**（一五四九～一六二六）アントニオ・デ・エレーラ・イ・トルデシーリャス。カスティーリャの主席年代記官。引用は『西インドと呼ばれる大洋の諸島・大陸におけるカスティーリャ人の事績概史』（一六〇一～一五年）より。

は二点を示唆している。一つは、地球の反対側からもたらされた地政学的な認識である。マラッカ攻略後、香料諸島に派遣された遠征隊三隻のうちマゼランの戦友セラン指揮の一隊のみがモルッカ諸島に達して、テルナーテ島の首長に重用された。

バロスによると、セランはマゼランに書簡を送り、モルッカ諸島はスペインの分界(征服予定領域)に位置づけられる、という認識を伝えた。また、カスタニェーダの年代記およびオリヴェイラの『マゼラン航海記』によると、セラン隊の航海士ゴンサロ・デ・オリヴェイラはマゼランの縁者であった。ゆえにゴンサロも情報源であったかもしれない。

他方、アルヘンソーラによると、マゼランはセランの書簡のみならず、一時スペインに仕えたポルトガルの地図作成家ペドロ・レイネルの世界図をもってカルロス一世を説得した。モルッカ諸島は対蹠《たいせき》分界線の三〇度ほど東にあるのだから、陛下のものである、と。

マゼランとレイネルの知見は近似していた。一五一九年九月マゼランがカルロス一世に提出した一通の覚書によると、モルッカ諸島は対蹠分界線の東二度

▼香料諸島　クローブ原産のモルッカ諸島、ナツメグ・メースのバンダ諸島、白檀のチモール島の総称。

▼セラン　フランシスコ・セラン。六〇〇レアルの廷臣手当を受給する従士。一五〇九年マラッカ遠征でマゼランと知己。一五二一年死去。

▼『マゼラン航海記』　ライデン大学所蔵の手稿(一五七〇年頃)　『ポルトガル語文法』(一五三六年)で著名なドミニコ会士フェルナンド・デ・オリヴェイラによる。彼は海事に精通しており、『海戦術論』(一五五五年)、『航海術論』(一五七〇年頃)、『造船術書』(一五八〇年頃)を執筆。

▼世界図　通称「クンストマンⅣ」、セビーリャで作成、ミュンヘ

ンの陸軍図書館所蔵であったが、第二次大戦中に消失。

世界分割概念図　マゼラン覚書の数値を「クンストマンⅣ」にあてはめた。

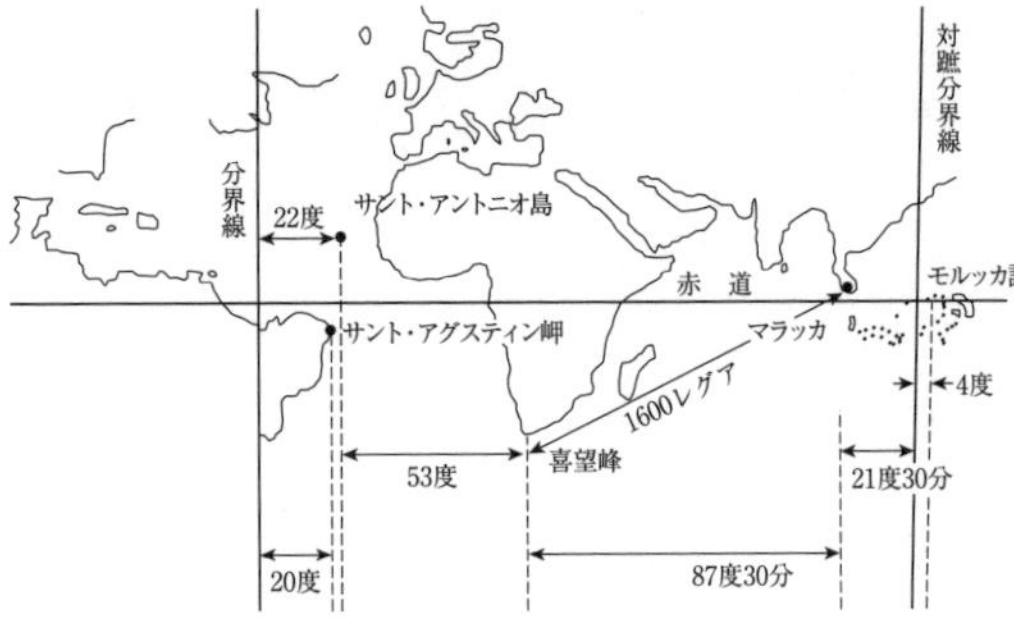

半～四度に位置づけられているが、レイネル父子によるとされる世界図▲（一五一九年頃）では同諸島は対蹠分界線の東三度半～八度に描かれており、いずれも（アルヘンソーラがいうように悠々とではなく）きわどくスペインの分界内にある。このような仮説としての分界観を立証するための経度測定法を有するとみなされていたのが、マゼランのパートナー、ファレイロであった。

マゼランの覚書が示唆するもう一つ重要なポイントは、マゼラン海峡通過後の「南の海（太平洋）」における航海が長期化することは事前に予期されていた、ということである。マゼランは地図作成家や学者の知識を援用することでコロンブスの小さな地球観を乗りこえていた。

傷ついた軍人

変節にいたるもう一つの、より直接的な動機づけは国王マヌエル一世の「冷遇」にある。マゼランは一五一三年一月頃までに帰国した。だが、この時奉職と負傷の対価として、王室からマゼランに廷臣手当の増額や年金の授与がなされた形跡はない。

同年八月、マゼランは弟ディオゴとともに武器・軍馬を自弁してアザモール遠征に参画した。戦いのなかでマゼランは膝に傷を負い馬を失った。敵の反攻を受けたが、これを退けた。アザモールにおけるマゼランの奉職は一〇カ月間におよんだ。この間マゼランは同僚のモンテイロとともに敵がみすてた膨大な数の家畜類を処理した。だが、この仕事に関してまもなく二人は汚職の咎をかけられた。戦利品を不正に流用して私腹を肥やし、しかも敵方を利した、というのである。

一五一四年五月頃、マゼランはアザモール長官の許可をうることなく帰国し、嫌疑についていっさい弁明せず、貴族の血が流れていることと、長年の王室への奉仕のために一度ならず負傷したことを訴えて、廷臣手当の加増一〇〇レアルを国王に要求した。一五一六年四月の文書によると、「陛下の騎士・フィダルゴ」としての廷臣手当は月給一二五〇レアルであったので、加増要求分は現給の八％に相当した。

バロスによると、マゼランをきらっていたマヌエル一世はこれを退け、モロッコへもどれと命じた。調査の結果、告発に根拠がないことが判明し容疑は晴れた。その後もマゼランは廷臣手当の加増を求め、やはり拒否された。コレイアによると、マゼランが「しかるべき処遇を受けられる所へ赴く」許可をマヌエルに求めると、国王は「誰も会わぬであろうが」と冷たく言い放った。マゼランは立ち上がり王宮を去った。

当時、忠誠替え自体はめずらしいことでも非難に値することでもなかった。コロンブスをはじめ、ベスプッチ、カボット、ヴェラツァーノなど腕に覚えのある航海者は故地を離れ有力な君公の庇護を求めて転々とした。ポルトガルの貴族も同様であった。のちにポルトガル領インド副王となるアルメイダは数年間カトリック両王に仕え、グラナダ戦役で貢献した。ポルトガル領インド総督となるソウザ▲も数年間にわたりカルロス一世に仕えていた。

看過できないのは、わずかばかりの廷臣手当の増額を拒否されたことである。奉職貴族にとってそれは経済ではなく、ステイタスにかかわる問題であった。ファリア・イ・ソウザ▲によると、「五レアルの加増は多大なる等級《グラドス》の加増に等しい」。

一五一五年末ないし一六年初め頃とされる最後の謁見から一七年十月のセビ

▼**ソウザ**（一五〇〇頃〜六四）　マルティン・アフォンソ・デ・ソウザ。一五三〇年四隻の艦隊を率いてブラジル沿岸からフランス人勢力を排除し、三二年二つの入植地を確立。三五年ディウ要塞を獲得、インド総督（四二〜四五年）。

▼**ファリア・イ・ソウザ**（一五九〇〜一六四九）　マヌエル・デ・ファリア・イ・ソウザ。歴史家・詩人でキリスト騎士修道会の受領騎士。引用は死後出版された『ポルトガル領アジア』（一六六六年）より。

ーリャ入りまで、マゼランの動向やパートナーとなるファレイロとの接点はほとんど知られていない。傷ついた軍人はどのような経緯で隣国に導かれたのか、その周辺に視点を移そう。

セビーリャのポルトガル人たち

マゼランによる航海案の提起から協約締結までの過程は極めてスムーズに進んだ。その要因としては、ブルゴス司教フォンセカ▲を頂点として通商院の商務官アランダや豪商アロらを擁する「ブルゴス派」の動きが背後にあった、という有力な説がある。だが、これとは別にポルトガル随一の大貴族ブラガンサ家の人脈が働いていた可能性もある。

一四八三年、ジョアン二世によってブラガンサ公が処刑されると、継子ジャイメらはあいついで隣国へ逃れた。公弟アルヴァロ▲は女王イサベルの厚遇を受け、一四九五年一月、セビーリャ王宮《アルカサル》と造船所《アタラサナス》の長官に任命され、年俸二〇万マラベディをえた。

マヌエル一世の即位後ブラガンサ家は大赦を与えられた。復権後のブラガン

▼**フォンセカ**（一四五一〜一五二四）　ファン・ロドリゲス・デ・フォンセカ。カトリック両王の顧問官、海上拡大・アメリカ植民地政策の統括者。

▼**アルヴァロ**（一四四〇頃〜一五〇四）　第二代ブラガンサ公フェルナンドの四男。

サ家は領土を減らしたとはいえ、それでも国土の九・五％を占め、七つの公侯伯爵位を保持し、その歳入額はポルトガルの貴族で首位、イベリア半島で四位の大富豪であった。アルヴァロも財産を返還され年金を保証された。以来、アルヴァロは、マヌエル一世とカトリック両王の長女イサベルとの結婚を調えるなど、両王室間の仲介者としての役割をはたした。また、ポルトガルからスペインへ移ったコロンブスとカトリック両王との間をとりもったのはアルヴァロである、と推測されている。

アルヴァロはアジア貿易の権利も与えられていた。帰還できたカブラル艦隊六隻のうち一隻はアルヴァロの所有であった。一五〇一年のジョアン・ダ・ノヴァのインド遠征隊ではフィレンツェ商人マルキオーニと協同で艤装《ぎそう》した船に、配下《クリアード》のポルトガル人ディオゴ・バルボザを船長として送り込んだ。

バルボザはセビーリャでマゼランの受け入れ役を担った人物である。おそらくアルヴァロに従ってスペインに移っていたのであろう。バルボザはグラナダ戦役で活躍したことが認められ、のちにサンティアゴ騎士修道会の受領騎士とされた。ブラガンサ家の復権でいったんポルトガルにもどるが、一五〇三～四年頃、ふたたびスペインに移った。アルヴァロの死後、その権益を受け継いだ息子のジョルジェから、一五〇六年にセビーリャ王宮と造船所の長官代理職を与えられ、一五〇九年までに市参事会員《ベインティクアトロ》となった。

マゼランがセビーリャに姿をあらわしたのは一五一七年十月、おそらく同年末までに、六〇万マラベディ▲の持参金つきでバルボザの娘ベアトリスと結婚した。マゼランは一五一八年六月の文書でバルボザをスペインにおける代理人としており、一九年八月、彼を遺産管理人に指定した。母国で騎士修道会と縁のなかったマゼランが、スペインでサンティアゴ騎士修道会の一員となり、まもなくその階梯を登ることができたのも、同会の受領騎士であったバルボザとの関係なくしてはありえなかった。

航海の協約が締結された約四カ月後、一五一八年七月二十日付の国王書簡のなかで、マゼランとファレイロはサンティアゴ騎士修道会の騎士として言及されている。さらにおそくとも同年十一月六日までに、マゼランは同会の受領騎士に昇格された。ただし、マゼランに騎士修道会の地所が与えられた形跡は認められず、総司令としての格を付与するための名誉職であったとみるべきであ

▼**マラベディ**　低質の金貨。一レアル＝三一マラベディ。

ろう。

ファレイロも受領騎士に叙せられたという指摘はあるが、史料で確認されていない。身分的な差異が影響していたのであろう。歴史家ヒルによると、ファレイロはバルボザの妻マリア・カルデラの遠戚にあたる。この推測が正しいなら、謎の多いマゼランのパートナーもまたブラガンサ家の人脈にからめとられていたといえよう。

金と「モーロ」の発見

マゼラン隊の目的地は表向きモルッカ諸島とされていたが、優先すべきかくされた目的地は「黄金島」であった。マゼランが修訂し航海前に国王周辺に提出した『ドゥアルテ・バルボザの書』▲末尾の欄外に項目名「レキオス(琉球)」があり、そのすぐ下に「オフィール」と書き込まれている。

マゼランは太平洋横断中、モルッカ諸島が赤道直下にあると知りながら、また飢餓と壊血病で多くの隊員が斃《たお》れてゆく状況でありながら、赤道到達後も西北西の針路を維持し、北緯一二～一三度に達してから西航し、フィリピン諸島

▼『ドゥアルテ・バルボザの書』ポルトガル領インドで商務官補佐・通訳・書記を務めたバルボザによって一五一六年頃に書かれたアジア地誌の修訂写本。セビリアのインディアス文書館所蔵。

中部ビサヤ諸島にたどりついた。そこで隊員が多量の金を見出すと、マゼランは「目的地に到達した」と述べ、金の取引を厳しく禁じた。

伝説の黄金島オフィール＝レキオスに達したと信じながらも、その後のマゼランの行動には焦りがみられる。その要因として、南米で越冬中に反乱をおこし処罰された隊員らがスペインの大物の縁者であったこと、そしてマゼラン隊討伐の命を受けたポルトガル隊の到来を予期していたことが挙げられるが、加えて、マゼランが期待をかけた経度測定の結果が対蹠分界に関してスペイン不利を示していたことも重要である。アルボ▲の水路誌によると、フィリピン諸島のみならずモルッカ諸島やティモール島もまたポルトガルの分界内に位置づけられた。マゼランはセブ島周辺において高圧的な「投降勧告▲」でスペインの支配とキリスト教の受容を強く迫り、陥穽《かんせい》に落ちて戦死した。

残存隊は南下しブルネイ等をへてモルッカ諸島に達したが、いずこも「モーロ」の支配的な世界であった。東南アジアにおけるイスラム化の波は当時ミンダナオ島にまでおよんでいた。マゼランはその限界の北で、改宗させやすいとみなされた「異教徒」の島々の実効支配をねらっていたのかもしれない。

▼**アルボ**　フランシスコ・アルボ。キオス島出身、ビクトリア号の航海士としてスペインに帰還。南米到達以降ほぼ毎日船位の緯度と針路を記載した彼の水路誌（インディアス文書館所蔵）は最重要の史料であるが、十九世紀まで刊行されなかった。

▼「**投降勧告**」　贈与の教皇勅書に依拠した最後通牒。アメリカ大陸部における征服戦争をしかける前に先住民に対して投降勧告状が読み上げられた。ロペス・デ・パラシオス・ルビオスの起草。フィリピン征服の際にも利用された。

世界周航をはたしたビクトリア号のレプリカ　一九九二年八月セビーリャ万博会場に展示中の様子。のちに全面的修復を受けて二〇〇四年十月セビーリャを発し、〇五年愛知万博のために名古屋に寄港、〇六年五月に帰還した。

騎士たちの大航海時代

大航海時代の動因として「経済」は過大に評価されるべきではない。海上拡大が国家の財政に大きな影響を与えるほど儲かる事業となったのは、開幕から約七〇年へた頃からであるが、その後も経済外的要因は働いていた。初期中期海上拡大のパトロンらは戦略的政治的思惑をいだき、その担い手たちはステイタスの向上を求めた。

もっとも、エンリケ・ガマ・マゼランの肉声を聞くことはとても難しい。遠征途中で戦死したマゼランはともかく、ともに寿命を全うしたエンリケとガマもまた然りというのは疑問に思われよう。それは三者とも私信がほとんど残されていないからである。それゆえ、彼らの歴史的社会的背景から間接的にその心性にアプローチせざるをえなかった。「マグリブ」と「騎士修道会」を手がかりとすることで大航海時代の裏面史は描けたかもしれない。

今日、マグリブにポルトガル領は存在せず、スペイン領の飛び地がいくつか残存するにすぎない。だが、かつてマグリブはイベリア半島の戦士階級にとって社会的昇進の機会をもたらす場であった。その西部モロッコへの進出はポルトガルが先行し、セウタ総督エンリケはモロッコ軍拡に執着する貴族層の代弁者となった。十五世紀末以降、三大航海者が登場し、海路アジア・アメリカへの進出がはたされたのちも、マグリブにおける「モーロ」との戦いは収束するどころか、むしろ強化された。大国スペインがおくれて参入したことと両王室内に十字軍熱が再燃したことがその背景にあった。

十字軍精神の器、騎士修道会が海上拡大の重要な担い手となるのも十五世紀末からである。ポルトガルの遠征隊と海外領諸拠点の要職は騎士修道会員によって占められていた。この強力な中間権力に庇護されたガマが英雄への道をたどったのと対照的に、騎士修道会と縁がなかったマゼランは多年にわたる軍役と傷痍《しょうい》にもかかわらず王宮で軽んぜられた。ブラガンサ家との関係はうかがえるが、国王の知遇に影響を与えるほど強いものではなかった。

スペインの海上拡大においても騎士修道会員の姿がみられる。コロンブスのあとを継いで第二代インディアス総督となるボバディージャ▲は、一四八〇年カ

▼**ボバディージャ**（一四四八頃〜一五〇二）　フランシスコ・フェルナンデス・デ・ボバディージャ。植民地統治の失敗の責任を問われたコロンブスを逮捕し送還した。

ラトラバ騎士修道会の受領騎士として四つの地所をえていた。その後継総督オバンド▲も、アルカンタラ騎士修道会のラレス・デ・グァバの受領騎士であった。マゼランの航跡をたどったモルッカ遠征隊の総司令ロアイサ▲は、ホスピタル騎士修道会の受領騎士としてバルバレスをえていた。

征服者《コンキスタドーレス》たちのなかには新大陸とマグリブを股にかける者もいた。ペドラリアス・ダビラ▲は、新大陸へ赴く前にオランとベジャイアの征服に従事した。アステカ帝国の征服者コルテス▲は一五四一年、皇帝カール五世にしたがいアルジェへ向かった。だが、これ以降は西地中海におけるオスマン帝国の圧力が強まったため、スペインは撤退をよぎなくされ、やがてマグリブは「忘れられた辺境」となった。

ポルトガルのモロッコ侵略はマゼランが参加したアザモール遠征でピークに達したが、その二年後の一五一五年、マラケシュとマモーラ（マフディーヤ）への遠征に失敗すると、サアド家▲を中心とするジハードに手を焼き、軍拡の機運は急速に後退した。ジョアン三世は一五五〇年までに、セウタ・タンジェ・マザガンを除いて、沿岸の拠点を喪失ないし放棄した。

▼**オバンド**（一四六〇〜一五一八）　ニコラス・デ・オバンド。先住民とアフリカ人奴隷の労働でエスパニョーラ島の鉱業・砂糖業の振興をはかった。

▼**ロアイサ**（一四九〇〜一五二六）　ガルシア・ホフレ・デ・ロアイサ。一五二五年、マゼラン隊の生還者セバスチャン・デル・カノを主席航海士としてともない、香料諸島遠征隊を率いたが、太平洋で死去。

▼**ペドラリアス・ダビラ**（一四四〇頃〜一五三一）　ペドロ・アリアス・デ・アビラ。初の大規模な大陸部遠征を率いた。のちにカスティーリャ・デル・オロ総督、ニカラグア総督。

▼**コルテス**（一四八五〜一五四七）　エルナン・コルテス。ヌエバ・エスパーニャ総督、バジェ・デ・オアハカ侯爵。

▼**サアド家**　モロッコ南部スース地方を基盤としたシャリーフの一族。

セバスティアン一世(在位一五五七～七八)　クリストヴァン・ロペス画。リスボン国立古美術館蔵。

▼**アルカセル・キビールの戦い**　一五七八年八月四日、北モロッコのカサル・カビール近郊でセバスティアン一世とサアド朝の王子ムレイ・ムハマッド・ムタワッキルの軍は、ムタワッキルの叔父でオスマン朝の支援を受けたスルタン、ムレイ・アブデルマレクの軍と戦い敗北した。三者いずれも死去、ポルトガル王は老齢の叔父エンリケ枢機卿が継いだが二年後に死去。

それでも、モロッコへの執着は残留した。一五七八年、セバスティアン一世は「最後の十字軍」とも呼ばれるアルカセル・キビールの戦い▲を強行し、国王自身を含む多くの貴族・兵士の戦死という惨劇をまねいた。これがアヴィス朝の断絶およびスペインとの同君連合の一因となったことはよく知られている。その責任は国王の性格や周囲の教育に帰される場合が多いが、祖父ジョアン三世によるモロッコ撤退がさまざまな批判をこうむったことを踏まえると、アヴィス朝の宿痾《しゅくあ》のなせる業とみるべきかもしれない。

十四世紀半ば以降の一〇〇年間でヨーロッパの国王継承は一〇〇例知られており、そのうち庶子が継承した事例はわずか二つ、アヴィス朝(ジョアン一世)とトラスタマラ朝(エンリケ二世)である。加えて、アヴィス朝には反乱分子の支援によって成立したというもう一つの傷があった。十四世紀後半のヨーロッパにはあまたの暴動一揆があったが、いずれも鎮圧され首謀者は厳しく処分された。ポルトガルの「成功」は唯一の例外であろう。正統性に関して二つの傷をもつ王朝にとって、イスラム圏のアフリカに「ヨーロッパ初の植民地」を開き維持することはカトリック世界において威信をえる一つの手段であった。

大航海時代

西暦	おもな事項
1385	アヴィス朝の成立
1394	エンリケ王子，ポルトで生まれる
1402-05	ベタンクールのカナリア諸島遠征
1415	ポルトガル，セウタ攻略
1434	エンリケの家臣エアネスがボジャドール岬回航
1437	ポルトガル，タンジェ遠征
1441	エンリケの家臣トリスタンらが西アフリカで初の奴隷狩り
1443	エンリケ，ボジャドール岬以南への航海・交易の特権を獲得
1448-55	ポルトガル，アルギン商館の設立
1449	アルファロベイラの戦い
1451	コロンブス生まれる
1455	教皇勅書でポルトガル王とエンリケにギネーにおける航海・征服・交易等の独占権付与
1458	ポルトガル，アルカセル・セゲル攻略
1460	エンリケ王子，アルガルヴェで死去
1469 頃	ヴァスコ・ダ・ガマ生まれる
1471	ポルトガル，アシラー・タンジェ攻略
1474-79	カスティーリャ王位継承戦争
1476 頃	コロンブス，ポルトガルに滞在（約 9 年間）
1480 頃	マゼラン生まれる
1482	サン・ジョルジェ・ダ・ミナ商館の設立
1482-86	ディオゴ・カンのギネー航海
1483 頃	コロンブス，西回りのアジア航海案をジョアン 2 世に提起
1487-88	バルトロメウ・ディアスの喜望峰回航
1492-93	コロンブスの第 1 回航海
1496	スペイン，カナリア諸島を征服
1497-99	ガマの第 1 回インド遠征
1497-	スペイン，マグリブ進出を開始
1502-03	ガマの第 2 回インド遠征
1505	マゼラン，インドへ赴任
1506	コロンブス，バリャドリードで死去
1511	マゼラン，マラッカ遠征に参加
1513	マゼラン，アザモール遠征に参加
1515	ポルトガル軍，マラケシュとマモーラで大敗
1517	マゼラン，スペインに移る
1519	マゼラン隊出帆。マヌエル 1 世，ガマに伯爵位授与
1521	マゼラン，フィリピン・マクタン島で死去
1522	マゼラン隊の残存者をのせたビクトリア号，スペインへ帰還
1524	ガマの第 3 回インド遠征，コチンで死去
1541	ポルトガル，サフィとアザモールから撤退
1578	アルカセル・キビールの戦い
1580	スペイン王フェリペ 2 世，ポルトガル王を兼任
1640	ポルトガル再独立，ブラガンサ朝の成立

参考文献

青木康征編訳『完訳コロンブス航海誌』平凡社　1993 年

アズララ（長南実訳・川田順造注）「ギネー発見征服誌」『西アフリカ航海の記録』（大航海時代叢書）第 I 期第 2 巻　岩波書店　1967 年

生田滋『ヴァスコ・ダ・ガマ――東洋の扉を開く』原書房　1992 年

カダモスト（河島英昭訳・山口昌男注）「航海の記録」『西アフリカ航海の記録』（大航海時代叢書）第 I 期第二巻　岩波書店　1967 年

私市正年『サハラが結ぶ南北交流』山川出版社　2004 年

金七紀男『エンリケ航海王子――大航海時代の先駆者とその時代』刀水書房　2004 年

合田昌史『マゼラン――世界分割を体現した航海者』京都大学学術出版会　2006 年

佐藤彰一『剣と清貧のヨーロッパ』中公新書　2017 年

篠田知暁『ワッタース朝期マグリブ・アクサーにおける国家と地域権力』博士論文（京都大学大学院文学研究科）　2015 年

長南実訳（増田義郎訳注・解説）『マゼラン　最初の世界一周航海――ピガフェッタ「最初の世界周航」／トランシルヴァーノ「モルッカ諸島遠征調書」』岩波文庫　2011 年

野々山ミナコ訳・増田義郎注「ドン・ヴァスコ・ダ・ガマのインド航海記」『航海の記録』（大航海時代叢書）第 I 期第 1 巻　岩波書店　1965 年

増田義郎『マゼラン――地球をひとつにした男』原書房　1993 年

Elbl, I., The Overseas Expansion, Nobility and Social Mobility in the Age of Vasco da Gama, *Portuguese Studies Review*, 6, 1997-98.

Ferreira, S, H., *The Crown, the Court and the Casa da India: Political Centralization in Portugal 1479-1521*, 2015.

Gil, J., *El exilio portugués en Sevilla. De los Braganza a Magallanes*, Sevilla, 2009.

Godinho, V. M., *Os descobrimentos e a economia mundial*, 2nd ed. corrected & extended, 4 vols, Lisboa, 1982-83.

Henrìques, A. C., *State finance, war and redistribution in Portugal, 1249-1527*, PhD, University of York, 2008.

Hess, A. C., *The Forgotten Frontier: A History of the Sixteenth-Century Ibero-African Frontier*, Chicago/London, 1978.

Lacerda, T., *Os Capitães das Armadas da Índia no reinado de D. Manuel I: uma análise social*, Master's Thesis, Universidade Nova de Lisboa, 2006.

Olival, F., *The Military Orders and the Portuguese Expansion（15th to 17th Centuries）*, 2018.

Powers, J. F., *A Society Organized for War: The Iberian Municipal Militias in the Central Middle Ages, 1000-1284*, Berkeley/L. A., 1988.

Russell, P., *Prince Henry "the Navigator" : A Life*, Yale University Press, 2001.

Serrão, J., Marques, A. H. de O.（dir）, *Nova História da Expansão Portuguesa: A Ex-pansão Quatrocentista*, Vol. Ⅱ , Lisboa, 1998.

Subrahmanyam, S., *The Career and Legend of Vasco da Gama*, Cambridge, 1997.

Thomaz, L. F. F. R., A idéia imperial manuelina, DORÉ, A., et al (org.), *Facetas do Império na história: Conceitos e métodos*, São Paulo, 2008.

図版出典一覧

Abulafia, D., *The Discovery of Mankind: Atlantic Encounters in the Age of Columbus*, Yale University Press, 2008. *33*

Anquandah, K. J., *Castles and Forts of Ghana*, Paris, 1999. *59*上

Braun, G., Hogenberg, F., *Cities of the World: 230 Colour Plates of 1572-1617*, Köln, 2019. *24, 30, 52*下, *59*中, *61*上, *96*

de Matos, A. T., *Henrique o Navegador*, Lisboa, 1994. カバー表, *11*上・下, *20*

E Costa, J. P. O., Rodrigues, V. L. G., *A Batalha dos Alcaides 1514: No apogeu da pre-sença Portuguesa em Marrocos*, Lisboa, 2007. *61, 84, 86*

Fundación Carlos de Amberes, *The Invention of Glory: Afonso V and the Pastrana Tapestries*, Madrid, 2010. *52*上, *53*下

Garcia, J. M., *Descobrimentos: O progresso dos descobrimentos no tempo de D. Afonso V e D. João II*, Vol.2, Vila do Conde. 扉, *42, 57*中・下

Garcia, J. M., *Descobrimentos: A Descoberta do Caminho Marítimo para a Índia*, Vol.3, Vila do Conde. *70*

Garcia, J. M., *Descobrimentos: Vasco da Gama e a Índia*, Vol.4, Vila do Conde. *77*

Garcia, J. M., *Descobrimentos: O Conhecimento do Novo Mundo Americano*, Vol.7, Vila do Conde. *65*上

Mattoso, J. (dir), *História de Portugal: A Monarquia Feudal (1096-1480)*, Vol. II, Lisboa, 1993. *18, 36*

Mattoso, J. (dir), *História de Portugal: No Alvorecer da Modernidade (1480 - 1620)*, Vol. Ⅲ, Lisboa, 1993. *94, 112*

Pelúcia, A., *Afonso de Albuquerque: Corte, Cruzada E Império*, Lisboa, 2016. *68*

Serrão, J. V., *História de Portugal: A Formação do Estado Moderno (1415-1495)*, Vol. Ⅱ, Lisboa, 1980. *17, 57*上

Serrão, J., Marques, A. H. de O. (dir), *Nova História da Expansão Portuguesa: A Ex-pansão Quatrocentista*, Vol. Ⅱ, Lisboa, 1998. *32*

Trigueiros, A. P. Estudos inéditos de falerística das antigas Ordens Militares portuguesas, in: Actas do Congresso Internacional, *A Ordem de Cristo e a Expansão, Lisboa*, 2014, 3-4. *72, 98*

著者提供 *80, 109*

PPS通信社 カバー裏

合田昌史（ごうだまさふみ）
1958年生まれ
京都大学大学院文学研究科西洋史学専攻
博士後期課程単位取得退学
専攻，ポルトガル史
京都大学大学院人間・環境学研究科教授
博士（文学，京都大学）

主要著書

立石博高（編）『新版世界各国史16　スペイン・ポルトガル史』（共著，山川出版社 2000）
『マゼラン――世界分割（デマルカシオン）を体現した航海者』（京都大学学術出版会 2006）

世界史リブレット人㊼
大航海時代《だいこうかいじだい》の群像《ぐんぞう》
エンリケ・ガマ・マゼラン

2021年5月20日　1版1刷印刷
2021年5月30日　1版1刷発行

著者：合田昌史《ごうだまさふみ》

発行者：野澤武史

装幀者：菊地信義＋水戸部功

発行所：株式会社 山川出版社

〒101-0047　東京都千代田区内神田1-13-13
電話　03-3293-8131（営業）8134（編集）
https://www.yamakawa.co.jp/
振替　00120-9-43993

印刷所：株式会社 プロスト

製本所：株式会社 ブロケード

 ISBN978-4-634-35047-2